跟

林徽因

学做才情优雅女人

GENLINHUIYIN XUEZUO CAIQING
YOUYANVREN

韦甜甜◎著

台海出版社

图书在版编目(CIP)数据

跟林徽因学做才情优雅女人 / 韦甜甜著.――北京:台海
出版社,2014.6

ISBN 978-7-5168-0357-8

Ⅰ.①跟… Ⅱ.①韦… Ⅲ.①林徽因(1904~1955)–人物
研究②女性–修养–通俗读物 Ⅳ.①K826.16 ②B825–49

中国版本图书馆 CIP 数据核字(2014)第 153237号

跟林徽因学做才情优雅女人

著　　者:韦甜甜

责任编辑:姜　航

装帧设计:吴小敏　　　　　版式设计:通联图文

责任校对:姜　梦　　　　　责任印制:蔡　旭

出版发行:台海出版社

地　址:北京市朝阳区劲松南路 1 号，邮政编码:100021

电　话:010-64041652(发行、邮购)

传　真:010-84045799(总编室)

网　址:www.taimeng.org.cn/thcbs/default.htm

E-mail:thcbs@126.com

经　销:全国各地新华书店

印　刷:北京高岭印刷有限公司

本书如有破损、缺页、装订错误,请与本社联系调换

开　本:680×960　　　　1/16

字　数:180 千字　　　　　印　张:16

版　次:2014 年 10 月第 1 版　印　次:2014 年 10 月第 1 次印刷

书　号:ISBN 978-7-5168-0357-8

定　价:35.00 元

前言

我说你是人间的四月天；
笑响点亮了四面风；
轻灵在春的光艳中交舞着变。

你是四月早天里的云烟，
黄昏吹着风的软，
星子在无意中闪，
细雨点洒在花前。

那轻，那娉婷，你是，
鲜妍百花的冠冕你戴着，
你是天真，庄严，
你是夜夜的月圆。

雪化后那片鹅黄，你像；
新鲜初放芽的绿，你是；
柔嫩喜悦，
水光浮动着你梦期待中白莲。

你是一树一树的花开，

是燕在梁间呢喃，

——你是爱，是暖，是希望，

你是人间的四月天！

对于那些从民国时代走来的女子，我们往往要借助她们背后的男人，才能看清楚她们——但林徽因是个例外。

不同于张爱玲的以文字立身，林徽因是以身世个性传奇。她的身世氛围，更多地折射着那个时代的文化风尚，流逝的时光之水也冲洗不掉她的传世风华，反而更加迷人，令人追寻……

她是三个著名的爱情故事的女主角：一个是与徐志摩共同出演的青春感伤片，浪漫诗人对她痴狂，并开中国现代离婚之先河；一个是和梁思成这个名字并置在一起的婚恋正剧，建筑学家丈夫视她为不可或缺的事业伴侣和灵感的源泉；另外，还是一个悲情故事的女主角，她中途退场，逻辑学家金岳霖因她不婚，并用大半生的时间"逐林而居"，将单恋与怀念持续终生。

如果把林徽因和她的崇拜者放在现代世界史上面来考察，也是不多见的爱情故事。

她不仅仅是以美貌著称，更重要的是东方式的贤淑典雅的气质和西方思想的涵养结合在一起，造就了她举世无双的魅力，令三个优秀的男人为之倾倒，其实当时为之迷倒的何止三位，几乎天下雅士都为之迷惑。

可想而知,她确实是一位倾倒众生的佳人。在她身后,似乎还真难找到一个能及得上她的成就和魅力的女性。

如果，按照现代社会的标准——感情不是女人的全部,那么,她在事业上也取得了辉煌的成就——作为新中国建筑领域的开拓者,她学术上的成就无法磨灭,她和丈夫梁思成一起奠定了中国古代建筑研究的坚实科学基础,她的研究对保护中国的古建筑作出了不可磨灭的贡献。她还亲自主持并参与了中华人民共和国国徽和人民英雄纪念碑的设计。

如果,觉得这样一个女人必定是刻板无趣的,那么,她留下的大量优美的诗歌、散文、小说和戏剧作品,不仅奠定了她在文学史上的地位,同时也能证明她的高雅情趣;

如果,要衡量她的性情,那么,她那高朋满座的"太太客厅",无论是在她生前还是身后,朋友们对她众口一词的称赞足以证明她的品格;

如果,要翻查她的家世,那么,无论是她自家的显赫,还是夫家的灼目,都可以印证她那优良的基因;

如果,要挑剔她的美貌,那么,无论是见过她的人还是她留下的那些影像资料,都足以说明她的美丽;

如果,还要证明她的坚忍与真诚,那么她一生的病痛以及伴随梁思成考察的那些民宅古寺足以诠释。

……

她只活了51岁,但她的生命灿烂而且夺目,她是一个站在塔尖上的女人,集美丽、才华、家世于一体,她有爱情有事业有婚姻,当今女性所渴求的一切她都拥有,这样一个近乎完美的女人,实在是令世人惊叹!

有谁能像她一样在家庭和事业中保持好微妙的平衡?

……

作为女人,她应该说是做到了极致,似乎普通的女子难以望其项背,但这并不妨碍我们学习她的优雅和才情。鉴于此,本书从爱情、事业、婚姻、社交等几个方面展现了林徽因的别样人生,以期给女性朋友以启迪和智慧。相信聪明的女人都可以把它作为自己的枕边书,让自己在生活中更有韵味,也更有魅力。

目　录

　　20世纪30年代,在北平有一个客厅,那里"谈笑有鸿儒,往来无白丁",它是那样吸引世人的目光,那就是林徽因的客厅。

　　你是一树一树的花开,是燕在梁间呢喃,——你是爱,是暖,是希望,你是人间的四月天。

　　　　　　　　　　——摘自林徽因《你是人间的四月天》

　　卧病六年,在李庄那个偏僻贫穷、食药匮乏的小镇,几乎每天敌人的轰炸机都会隆隆而过,她还要养活两个孩子……林徽因用自己的故事,告诉我们,并非名女人就可以"免俗"。

　　这个聪慧灵动的女子,将自己化作一尾鱼,游弋在珊瑚丛般的男人世界里,她始终婉转自如,是一道最为亮丽的风景。因为她懂得,真正的爱情不是"低到尘埃里",也不是"高到云天之上",而是以最优雅的姿态做真正的自己。

　　　　生活在现实中的我们都曾有过对美好情愫的梦想与追求，但结果往往不得不回到现实中，我们唯一能做的，就是像林徽因一样，在现实中追求纯美的浪漫，把握两者间的平衡。

　　　　是谁笑成这百层塔高耸，让不知名鸟雀来盘旋？是谁笑成这万千个风铃的转动，从每一层琉璃的檐边摇上云天？

　　　　　　　　　　　　——摘自林徽因《深笑》

建筑学家,诗人,学者,美术家,翻译家,我们很难定位她确切的身份,但我们只需记住:她是独一无二的林徽因。

第一章

一身诗意千寻瀑

——美丽与智慧的绝唱

有三个著名的爱情故事几乎妇孺皆知,都是那么荡气回肠,而这三个故事却拥有共同的女主角,那就是林徽因,这个集美丽与智慧于一身的女人。

1.女人生命里的三个男人

林徽因生命里的那三个男人，一个是在专业领域的顶尖建筑大师梁思成，一个是浪漫诗人徐志摩，还有一个是为她终身不娶的学界泰斗兼哲学家金岳霖。她享尽万千恩宠，她是那个时代优秀男人世界里的中心人物，她更是女人世界里的佼佼者。

有人评论说，她与徐志摩共同出演的是一部青春感伤片，浪漫与绝唱；她和梁思成导演的是一部婚恋正剧，甘醇而绵长；而与金岳霖合演的则是一部地道的悲情传说，无奈与悲怆。无论哪一个故事捞出来都是一部巨著、大片，构筑了林徽因人生的浪漫奇谈。

林徽因是充满智慧的，她较好地处理了和丈夫之间的关系，还理智地将其他感情拿捏地恰到好处。

林徽因与徐志摩的故事，其实早在她十几岁正值豆蔻年华的时代就已经开始上演了。诗人用他超凡脱俗般的热情，向她发起"攻击"，林徽因亦被其所染，徐志摩的浪漫与清逸、激情与热度，都曾深深吸引了她。但是，最终林徽因却选择了欣赏，她没有去把握这段情，她也没有像同时代的丁玲、石评梅、庐隐那样，大胆地追求所谓自由的爱。她的驻足观望，无疑也为她赢得了尊重，就连徐志摩的妻子张幼仪也对她有着至高的评价，当她得知徐志摩所爱何人时，曾说过："徐志摩的女朋友是另一位思想更复杂、长相更漂亮、双脚完全自由的女士。"

林徽因的朋友费慰梅曾这样说："我猜想，徐在对她（林徽因）的一片深情中,可能已不自觉地扮演了一个导师的角色,领她进入英国诗歌和英国戏剧的世界……同时也迷惑了他自己。我觉得徽音和志摩的关系,非情爱而是浪漫,更多的还是文学关系。"

之后,便是与梁思成甜蜜美好的相恋。两人经历了车祸,共赴欧洲求学,结婚,欧洲蜜月,回国任教于东北大学等一系列历程。这段感情,来得平实简单,不招摇却幸福满满。

然而,故事却还没完。林徽因生命中的第三个男人出现了,他就是大哲学家金岳霖。这段感情发生在林徽因婚后,对于这段感情的描述,有记载这样写道:

林徽因、梁思成夫妇家里几乎每周都有沙龙聚会,金岳霖始终是梁家沙龙座上常客。他们文化背景相同,志趣相投,交情也深,长期以来,一直是毗邻而居。金岳霖对林徽因人品才华赞美至极,十分呵护;林徽因对他亦十分钦佩敬爱,他们之间的心灵沟通可谓非同一般。甚至梁思成、林徽因吵架,也是找理性冷静的金岳霖仲裁。金岳霖自始至终都以最高的理智驾驭着自己的感情,爱了林徽因一生。

可以确信的是,林徽因与金岳霖确实彼此相爱,为此,金岳霖还终生未娶。或许,只一个"终身未娶"便可道尽林徽因耀眼的女性魅力。

也许,一身诗意的她,确受得起这默默无声的爱之誓言。所以,有人说,女子当如林徽因,这似乎已成为一个完美女人的标准。但是,我们要知道的是,每个女人的一生中,都会遇到三个人——一个你最爱的人,一个最爱你的人,还有一个和你共度一生的人。

然而遗憾的是,这三个人在大多数情况下都不能合而为一。你最爱的,往往没有选择你;最爱你的,往往不是你最爱的;而最长久陪伴你的,和你步入婚姻殿堂的,偏偏不是你最爱也不是最爱你的,只是在最适合的时间出现的最适合你的那个人。

为什么呢?

大千世界茫茫人海,相爱的人很多,但并非所有的人最终都能牵手步入婚姻的殿堂。有的人只是适合恋爱而并不适合结婚,因为做夫妻得满足一些基本的要件,否则即使勉强结为夫妻也将难有幸福的生活。

只能说,爱得死去活来、惊天动地的恋人也许并不适合做夫妻,他们的婚姻比普通人存在更大的风险。因为爱得越深,对方就会成为你目光的焦点,你无时无刻不在关注着他的一言一行。有时沾沾自喜,有时患得患失,一旦有什么不能做到尽如你意,没有给你预期的回报,你就会失落就会埋怨:"我对他付出了那么多,为什么他总是视而不见、无动于衷?"

这是很多恋人和夫妻间的问题,因为太爱,所以就不能用平常心来看待。搞得自己疲惫不堪,也把对方打入了痛苦的深渊。太多的爱,累了自己,也伤了别人,得不偿失。最后爱情在琐碎生活的磨砺中消失殆尽,有情人落得分道扬镳的伤感结局。

婚姻里,要的就是合适。所谓合适,代表的是一种比较舒适的状态。两个人在一起轻松快乐,没有压力,那样才可以保持永远的活力和热情,太多的牵扯会消耗过多的心力,让爱情在凡俗日子里迅速衰老,直到死亡,直至尸骨无存。

一生的日子,要两个人一天天地过下去,爱情是玫瑰,只适合锦上添花。现实是多么的残忍,面对生活的苦和累,柴米油盐的琐碎,会把爱情所有的光芒暗淡,让爱情的花朵枯萎凋落。等到风景都看透,我们要找的只是一个能陪你看细水长流,把你当成手心里宝贝的爱人。

决定嫁给(娶)一个人,只需一时的勇气;守护一场婚姻,却需要一辈子的倾尽全力。因为,爱情可以高雅到不食人间烟火,而婚姻,却要脚踏实地、苦乐与共地和爱人携手走完一生的日子。有时候,婚姻的缘起,除了爱情,或许还有最现实不过的相依为命。你最后选定了要一起走下去,并真的在同行的过程中相扶相持、白头偕老的那个人,未必是你最爱的那个人,也未必是最爱你的那个人,却一定是这世上最适合你的那个人。

2.20%的爱留给自己

真爱上了一个人,女人总希望能爱到100%,当你付出了100分的热情,也就意味着,对男人而言,这个女人不再神秘、这段爱情不再有幻想的空间。

其实,越是得不到的,越是懂得珍惜,或许这是一种人性。

徐志摩虽然没有让林和他走到一起,但他却更加爱她了,而来自金岳霖的真诚情意也几乎令林徽因无法拒绝,以至于梁思成从外地回来时,她竟很沮丧地告诉他:"我苦恼极了,因为我同时爱上了两个人,不知道怎么办才好。"这个问题无疑让梁思成感到非常震惊和意外,但他给了林徽因充分的自由,他告诉林徽因:"你是自由的,如果你选择了老金,我祝愿你们永远幸福。"林将这些话转述给金岳霖,换来他的回答是:"看来思成是真正爱你的,我不能伤害一个真正爱你的人,我应该退出。"

林徽因深爱着她的丈夫,但她同时也没有回避第三方的爱意,或许也正因为如此,她换来了金岳霖真正的爱,并将对她的爱以终身不娶的方式进行到底。

越是爱得失败的人,越是那些爱得最深切的人。当他的关注度过分集中在一个人身上时,那个人会感受到无法承受的沉重。

《东京爱情故事》中,完治对莉香说:"你给的爱太重了,我背负不起!"好令人心伤的一句话!有些男女的分开,不是因为不爱,而是因为太爱。那些爱得太过深切的女人,总在用爱把心爱的男人逼跑。

展眼望望如今的恋爱趋势,不难发现:即便恋爱,也要维持适当的清醒,这就是所谓的"20%的爱留给自己"。

一个姑娘,经历过四段刻骨铭心的爱情:

第一个男友,她为他改头换面、为他倾其所有,为他辞去了异乡前程似锦的工作, 为他疏远了身边的同性异性好友……天天在家,做稚嫩的小主妇,买菜,做饭,化妆,等他下班……直到三年之后,她被甩了。真的像极了微电影《殇情夜》中的桥段:我苦苦等你,却只换回一条"分手"的短信。

第二段感情大致也是如此,只是她被甩的时间提前了些,不到两年,男友就毫不犹豫地跟她说了"拜拜"!

第三段感情亦如此、亦是被甩。

连伤三次之后,她自己也纳闷:为什么我总是遇人不淑?! 为什么我这个痴情女总遇上薄情郎?! 为什么我为他们付出了一切,却只换回他们的无情背叛?!

姑娘为此消沉了一段时日。挣脱出来之后, 她作了一个决定:"今后,不论遇上什么样的男人,我只做我自己、只做能让我高兴的事情,我不再为取悦任何男人而生活! "

后来遇到了第四段爱情。她早不再是那个为了爱情而活的小女生,如今的她,即便恋爱了,也依旧有她独立的生活姿态。陪闺蜜逛街会推掉和男友的约会;加班赶稿,可以让男友把生日聚会推迟一天;她只买自己喜欢的衣服,只看自己喜欢的电影,偶尔下回厨房,也一定多做一个自己爱吃的菜……想想之前的三段情,连她自己也觉得对现男友太恶劣了。不过她彻底想通了,恋爱就是为了让自己快乐! 她随时随地准备好了分手,她不会再为任何人妥协自己真实的快乐！

交往一年后，男友特意正式地找她谈话。她做好了分手的心理准备。不过男友说："我们结婚吧。只有你做了我老婆，我才觉得能彻彻底底地把你抓牢！"

回想前情旧爱，她感慨良多：曾经那么的重视爱情，却屡屡被爱情伤害；如今那么的重视自己，却被爱人当成了宝贝！爱情，到底是什么？

……

大概每个女人，不彻底经历一次从"伤"到"悟"的过程，爱的学分都很难及格。

人的本性中，有一种天性：越是无法完完全全拥有和主宰的东西，越是珍惜和重视；越是那些不费吹灰之力便收入囊中的东西，越不在意它的价值。

女人在恋爱中应该永远致力于一种工作：你若想彻底拥有他，便不能让他有已然彻底拥有了你的感觉。

3.目标,是女人生命的罗盘

在林徽因的一生里,她有着明确的理想与追求,甚至在十几岁的时候就树立了目标,并且用一生的时间来坚持了自己的选择,从没有因受到诱惑而中止,也没有因战争等原因而中断。

林徽因将建筑学当成自己的事业追求,一个不到20岁的文弱女子,居然立下学建筑的志愿,即便在当下的时代,也是需要莫大的勇气,若非家族承袭的原因,就是巨大热情的动力使然了。

林徽因认为建筑是一个"把艺术创造与人的日常需要结合在一起的工作",这项工作所需的不仅仅是奔放的创造力,更需严谨的测量、技术的平衡,以及为他人设想的构思。她充分尊重了自己的个性,并把一股热情完完全全地交给了它,她让自己的聪慧、才干和天分都得到了施展。

林徽因不但为自己的选择高调定性,她也以自己的热情影响了梁思成。而当时的梁思成,还在清华校园里又吹小号又吹笛,完全是一个兴趣未定的小伙子,当他提出要子承父业,学习西方政治时,被林徽因一票否决。当二人到谈婚论嫁的时候,她更是把梁思成必须去学建筑当作婚姻的"附加"条件。

梁思成自己也说:"我当时连建筑是什么还不知道,林徽因告诉我,那是融艺术和工程技术为一体的一门学科。因为我喜欢绘画,所以我也选择了建筑这个专业。"在当时的社会,女性能够通过对建筑学的热情达至自我理想的实现,的确是种难得而可贵的超越。

后来,她同梁思成一块儿乘火车、坐卡车,甚至坐驴车,穿过人迹罕至的泥泞小径,将人生理想嫁接于中国历史的梁架之间。她通过自己的追求,让那些已经消失的中国古建筑在民族意识中重新被认知与认可。

在人民英雄纪念碑的设计上,林徽因倾注了自己的智慧,她和梁思成共同主张,人民英雄纪念碑的设计应以碑的形式为主,以碑文为中心主题。用传统方式设计人民英雄纪念碑,能体现出中国人的精神。

林徽因对事业的追求是实质性的,她通过自己的努力为所追求的事业注入了活力与丰富多彩的内容。

似乎大部分女人都是缺乏决断意识的,大到择业、婚恋,小到出行、购物,在每次作决定之前,她们总要习惯性地征询身边家人、朋友的意见。而且她们觉得最好能多问几遍,从而选出入选频率最高的答案。这样的方式大概能让人觉得心里踏实,但却不见得一定合适。

27岁的刘佳在一家外企工作。最近又一次得到升迁的她,却发现随着事业的发展,同事们开始用"强势"、"精英"、"女强人"等词来形容她;老公也不再把她当做小鸟依人的爱人而百般疼爱了。

仔细审视了一下,刘佳发现自己在工作上确实比以前更果断厉害,也更能干了,这也是她一直所追求的。但在戴上"女强人"这顶帽子的同时,她也备感不适,同事的敬畏、老公的疏远,都让她觉得很压抑。她甚至开始犹疑:"该不该继续这样强势下去?"

朋友们纷纷劝她:"何必苦苦支撑,把自己弄得那么累?家庭才是女人该待的地方。"

丈夫作为一家大公司的高层，更是极力游说她辞职。他给出的理由非常充分：家中有人操持家务，男人的职业状态才能更佳；作为女人，多多逛街、购物、做美容，也能更年轻靓丽，而这一切的前提是他自己的薪水足以支撑这一切。仔细想想，这是多少女性梦想的生活啊！

听了这些，刘佳动心了，她很快就办好了辞职手续。但是，离开自己热爱的事业之后，刘佳变得闷闷不乐，家庭琐事让她厌烦不已，她觉得自己就像一只被关在笼子里的鸟……

几乎每个女人都在乎别人对自己的评价，并对此患得患失，以致常常为了迎合别人而不断地否定和修正自己。其实，那些对你指手画脚的人自己也不知道应该如何抉择。不要奢望所有人都支持你的选择，也不要期许所有人都喜欢你的风格。生活是自己的，你更应该听从自己内心的想法，而不是随波逐流。

女人不能没有目标，处事不能没有决断。有目标难，坚持目标更难；盲目自信是固执，偏听偏信是糊涂；正确的目标都是对事物本质的反映，坚持正确的目标会让女人走向成功。

歌德曾说："每个人都应该坚持走自己开辟的道路，不被流言所吓倒，不受他人的观点所牵制。"

虽然我们每个人不可能孤立地生活在这个世界上，几乎所有的知识和信息都受到来自别人的教育和环境的影响，但你必须清楚，在人生的旅途中，你才是自己唯一的司机，你要稳稳地坐在司机的位置上，决定自己何时要停车、倒车、转弯、加速、刹车等。只有你才能带自己去想要去的地方，去看自己想要看的风景。

要做有目标的女人，无论你是普通平凡的职业女性，抑或是职场里的"白骨精"（白领、骨干、精英）。在对自己进行真实的触摸后，你就会发现,原来自己还有相当大的潜能可以被挖掘,潜藏多年的梦想能够驱使你自信而大胆地向前走很远,你将为自我创造和超越而感到自由、快乐。

要做有目标的女人,当有一天曲终人散,你的爱人由于某种原因离开了你,你变成了一个人。如果你以前过度地依赖他,此时,你会发现自己和社会是脱离的,你根本无法独立,甚至还会感到绝望。但是如果你能在日常生活中培养自己独立的性格,那么有一天即使失去所有,你也会用自己的力量重新找到幸福。

做个有目标的女人吧!不要让别人的闲话动摇了你的意志,学会为自己的生活喝彩。你会赢得更多的成功,收获更多的快乐!

4.爱情并不清高,抛弃一些不切实际的想法

至今有许多女人仍然坚信:只要有爱情,就可以克服一切困难。还有些年轻人准备好了,要为自己不切实际的梦想而牺牲一切。

年轻女人似乎一直都在强调清纯和高尚, 不论是思想还是身体。绝大多数女人年轻时,都在顺应着这种趋势,毫无计划地生活着,而到了30岁才和其他人一样,开始意识到世俗的巨大作用,而忙忙碌碌地开始学着"庸俗"。何必呢?

你不可能做一辈子天真的少女,如果能早一点承认内心的"庸俗",与金钱交好,也许就可以在30岁以后,或者四五十岁时过上优雅的生活。

当徐志摩发现林徽因读书很多, 对一些名家作品深有见地时,她活泼跳跃的思维和明澈清新的见识就触动了他。徐志摩因而向她展开了爱情的攻势,但林徽因对于他,不过是一个年轻女子朋友式的可爱。

当林徽因发现徐志摩对她的情感超越了友谊的界线,她很理智地求助于父亲, 并央求给徐志摩一封婉拒的信:"足下用情之烈,令人感悚,徽亦惶恐不知何以为答,并无丝毫mockery(嘲笑),想足下悮(误)解耳。"

虽然已发出明确拒绝的信号,但徐志摩却不予理会,已然决意与张幼仪离婚,并在写给张幼仪的离婚信中说:"……真生命必自奋斗自求得来!……彼此有改良社会之心,彼此有造福人类之心,其先

自作榜样，勇决智断，彼此尊重人格，自由离婚，止绝苦痛，始兆幸福，皆在此矣。"显然，他是受了西方自由主义观念的影响，全然走向了一个所谓自由的极端。

这种"自断后路"的决绝并没有换来林徽因的"回心转意"，徐志摩定义下的"真正的幸福"与林徽因并不在同一个频率上。梁启超得知后，也对他的行为提出了批评，他要求徐志摩"不要把自己的欢乐建立在别人的痛苦之上"。

林徽因回国后不久，便和梁思成定下了婚事，为了防止徐再闯入他们的生活，他们还用英语在门上贴了一张纸条："恋人想单独在一起。"

林徽因有自己的追求，她不企求徐式那种轰轰烈烈的爱和那种纯粹、绝对而极端的西式爱情，她显然深知，越是热烈的东西越不是长久的，况且徐所做的已经背离了传统的中国理念。

后来，失望至极的徐志摩转而去追求另一个女人陆小曼，梁启超也勉强同意做他们的证婚人，但他在他们的婚礼上也不忘严厉地批评徐这种不负责任的行为，要他"以后务要痛改前非，重新做人"。

这件事从侧面也反映了林徽因当初所作出的正确选择，她追求的婚姻和爱是符合正统的，是值得大家为她祝福的。

这并不是说，只有变得"庸俗"，才能生活得好。对于女人来说，拥有健康的身体，找个体面的工作，选择帅气又有能力的男人结婚，这些想法都是理所当然而且合情合理的。

但有不少人认为，重视以上这些现实价值，就不得不抛弃诸如道德伦理、爱情、理想之类的精神价值。

其实，真正重要的是，我们首先要抛弃一些不切实际的想法。精神只有依附于现实才会显得有意义。

诚如林徽因的儿子梁从诫所说："那时，像母亲那么一个在旧伦理教育熏陶下长大的姑娘，竟会像有人传说的那样去同一个比自己大八九岁的已婚男子谈恋爱，简直是不可思议的事。母亲知道徐在追求自己，而且也很喜欢和敬佩这位诗人，尊重他所表露的爱情，但她却是不爱他的。"

可见，林徽因追求自己的生活，她是理性的，没有受徐的热烈而改变。同时代的一批新女性，很多都是从追求自由的爱开始，但最终不少都沦为爱的奴隶，并受之所困。林徽因虽受西学影响，骨子里却还是向往平凡而踏实的家庭生活，并且和丈夫一道成就了自己不平凡的一生。

不管怎样，女人早一点承认内心的"庸俗"，这是一件让人兴奋的事情。因为看清现实就意味着在现实环境的压力下，能够表现出超脱的能力，让现实成为有利于自己的工具，帮助自己成为人生的主宰者。

为了未来的幸福着想，就要轻松地摆脱对"庸俗"的偏见，早一些把现实的层面考虑进去，这绝对不是什么可耻的事情。

5.衡量出对于自己来说最重要的东西

从种种迹象上看，徐志摩对林徽因的爱都是真挚而热烈的,这种强烈的爱足够冲昏很多女子的头脑,沉醉在诗人一轮又一轮的感情攻势里。但林徽因毕竟是林微因,她的理智,她的冷静,始终占据着上风,她不允许自己有任何的冲动。

"如果有一天我获得了你的爱,那么我飘零的生命就有了归宿,只有爱才能让我匆匆行进的脚步停下,让我在你的身边停留一小会儿吧,你知道忧伤正像锯子锯着我的灵魂。"徐志摩写下了激情洋溢的诗,这样的情诗足以融化任何女人冰封的心。

"我不是那种滥用感情的女子,你若真的能够爱我,就不能给我一个尴尬的位置,你必须在我与张幼仪之间作出选择。你不能对两个女人都不负责任。"这是林徽因的回应,真的是冰火两重天,这位才女的不同凡响之处,便是一点理智、一点冷静。

24岁的徐志摩,已是一个孩子的父亲,而第二个孩子正怀在妻子张幼仪的腹中。徐志摩要和她离婚,甚至不惜逼她打掉腹中的孩子。

如果说这仅仅是诗人的感情,那也是符合常理的,但若发生在现实当中,多少显得有些冷酷无情。果然,在产后不久,徐志摩就迫不及待地逼迫妻子在离婚协议书上签了字。这样的事,且不说发生在那样的年代,就是发生在今天的社会,也是让人觉得不可思议的。

可见诗人对才女的爱情是多么的强烈,当如此不合常规的爱被冠以自由与新生活的帽子时,所有传统道德观都瓦解了,或者说对当事人不起作用了。

林徽因和他看的不是同一个方向,年轻的她深知自己想要什么样的生活,她并没有跳入徐志摩的感情旋涡中,虽然当时她不可能对徐没有一点感情,但更多的,是她清楚谁才是真正适合她并可以陪她一生的"真命天子"。

林徽因选择了梁思成,我们只知道他们执子之手、与子偕老,至于多少是出于爱情,谁也不得而知,因为她的诗作里没有他,与她一起生活的男子只存在于她现实的生活里,而不是活在她浪漫多情的梦想之中。而那个曾经追她追的要死的诗人却经常"做客"于她的诗歌。

我们所拥有的婚姻未必是我们最希望得到的,结婚的对象未必是我们最喜欢最欣赏的,婚姻需要将就现实的压力和个人能力、个性、学识、环境等方面的局限,所以当进入婚姻之前,你就要明白你希望在这段婚姻和对方这个人身上得到什么,在知道任何人都无法满足我们所有的要求的基础上,要衡量出对于自己来说最重要的东西。

比如,有一个朋友喜欢高高瘦瘦扮酷的男人,可她的老公却是一个矮胖的家常派小生,那么如果按照某些人的性格,可能这个朋友就会经常性的遗憾和苦闷了,可是她却觉得,自己喜欢那样的男人图片上有的是,又何必一定要放到家里欣赏呢,此胖子热情风趣还做得一手好菜,绝对能保证未来有吃有喝有开心,干吗不嫁?她把现实和理想分的那么清楚,分别放到了不同的位置,所以才会幸福的那么单纯。

女人究竟想要什么？我们又要做什么样的女人？这个话题有时候很沉重。相信每个女子心中都有一段传奇的向往,但相对而言,稳定的情感、温暖的家庭、良好而和谐的生活环境氛围等,又无不是我们所需要的。

现如今,仍然有着太多的女子向往着徐志摩式的浪漫爱情,但浪漫归浪漫,让它停留在精神世界里也是不错的,林徽因在那样的年代就做到了。我们必须知道,什么才是我们生命中的重点。

很多自觉不如意的女子,在关键的时候,盲目地遵从了外界的声音,或由于贪心,或者由于诱惑,而忘记了听从自己内心深处的呐喊。她们忘记了自己的初衷,忘记了原来她们追求的东西,她们对于爱情与婚姻的期许,总是那样的唯美和浪漫,而常常忽略自己的底线。

不是每个女人都可以幸运地获得浪漫的幸福生活,能够在激情的指尖晃动的女人,都是极少数的,即便她们看起来活得光怪陆离,但也很不容易真正地走进幸福之门。

爱心叮咛:

从林徽因的故事里我们可以发现,对于女人来说,有时候选择比努力更重要,尤其是在选择终身伴侣的时候,一定要能够衡量出对方和自己的契合程度,那么,如何衡量呢？

现代心理学家认为,判断男女两个人是否适合"牵手",应考虑以下10个因素,在此列举出来给女性朋友们做参考。

第一,彼此都是对方的好朋友,不带任何条件,喜欢与对方在一起。

第二,彼此很容易沟通、互相可以敞开心扉地坦白任何事情,而不必担心被对方怀疑或轻视。

第三,两人在心灵上有共同的理念和价值观,并且对这些观念有清楚的认识与追求。

第四,双方都认为婚姻是一辈子的事,而且双方(特别强调"双方")都坚定地愿意委身在这个长期的婚姻关系中。

第五,当发生冲突或争执的时候可以一起来解决,而不是等以后来发作。

第六,相处可以彼此逗趣,常有欢笑,在生活中许多方面都会以幽默相待。

第七,彼此非常了解,并且接纳对方,当知道对方了解了自己的优点和缺点后,仍然确信被他所接纳。

第八,从最了解你、也是你最信任的人处得到肯定。

第九,有时会有浪漫的感情,但绝大多数的时候,你们的相处是非常满足而且是自由自在的。

第十,有一个非常理性和成熟的交往,并且双方都能感受到,在许多不同的层面上你们是很相配的。

6.用理智选择真命天子

有时候,我们因不理智、不冷静,会对一个没有暴露出真实面目的男人示爱,过后酿成大错,结果受伤的却是自己。不为情所困,尤其是不为外情所累,在理智中坚持自己的初衷,反而会让我们的心灵畅通无阻,我们所坚守的爱,也会凝固成一种永恒。

"这一定又是你的手指,轻弹着,在这深夜,稠密的悲思;我不禁频边泛上了红,静听着,这深夜里弦子的生动。"诗人在后来的《深夜里听到乐声》中这样写道,他似乎从始至终都在以一种他自己的方式呼唤对方。

"我懂得,但我怎能应和。"这是林徽因的回应,或者说这是她自始至终的态度。

"理想的我老希望着生活有点浪漫发生。或是有个人叩下门走进来坐在我对面同我谈话,或是同我同坐在楼上炉边给我讲故事,最要紧的还是有个人要来爱我。我做着所有女孩做的梦。""我所谓极端的、浪漫的或实际的都无关系,反正我的主义是要生活。没有情感的生活简直是死……如果在'横溢情感'和'僵死麻木的无情感'中叫我来拣一个,我毫无问题要拣上面的一个,不管是为我自己或是为别人。人活着的意义基本的是在能体验情感。能体验情感还得有智慧有思想来分别了解那情感——自己的或别人的!"

林徽因在《致沈从文》中曾这样写道,所以说,她不是没有浪漫情结的人,只是浪漫里融入了更多的理智和冷静。

有人说婚姻是一道选择题，如果自己是一个好女人，找了一个好男人，那么这道题绝对能得一百分。

杨绛说得妙极了："才女要嫁须嫁完全的学者——不官本位，无商贾的精刮，不匠气，术业有专攻，有着赤子之心的才子，唯其如此，才女的读书生活才能全面协调可持续发展。"林徽因可谓得了一百分，她全部选对了。

不少女子徘徊在"到底是选择自己喜欢的，还是喜欢自己的人"这样二选一的问题间，双方都相互喜欢自然很好，但仅凭喜欢就能过上幸福的生活吗？答案或许是否定的。

可能的情况是，林徽因更爱徐志摩，但却选择了梁思成，她一定是喜欢梁思成的，抛开喜欢不说，梁思成踏实稳重，能包容她，最后也成就了她。

对"真命天子"的选择，我们都要有林徽因一样的聪明和冷静，舍弃那些不靠谱的浪漫，选择各方面都堪称优秀的男子，或者至少是个成熟稳重又有宽广胸怀的男子。我们选择的不仅仅是爱人，还选择了一种生活方式和幸福指数。其实选择没有对错之分，只是"种瓜得瓜，种豆得豆"，对我们造成影响的总是选择后的结果。我们所作的选择决定了我们日后生活的幸福与否。

7.错误的东西,从开始就要懂得放弃

　　明白的人懂得放弃,真情的人懂得牺牲,幸福的人懂得超脱。对不爱自己的人,最需要的是理解、放弃和祝福,过多的自作多情是在乞求对方的施舍。爱与被爱,都是让人幸福的事情,不要让这些变成痛苦。

　　爱情让人盲目,恋爱中的人甚至看不到对方的缺点,眼中只有美好,即使是性格不合,也可以认为是性格互补。其实,大可不必迷失自我,如果对待爱情失去理智,那么爱情可要可不要。

　　彼时林徽因刚满16岁,但谈吐和悟性已经超越了她的年龄,在她的美貌和聪慧面前被迫放低天伦辈分的不只是林长民,徐志摩也不顾自己是林徽因父亲的好友,且在国内已有妻儿,公然闹离婚并追求起这个刚刚中学毕业的小姑娘来。这段公案因影视、小说、文史学家津津乐道的介入而妇孺皆知。

　　与林徽因相见之时,徐志摩已是一个孩子的父亲了。而林徽因却只是个穿着白衣、容貌纤细的16岁少女。从他们相遇的那一刻开始,她就成为诗人心里永恒的素材,一个被诗人无数次理想诗化的女子,一个脱离了现实只存在梦幻之中的女子。徐志摩单恋上她,为她创作了无数动人心弦的情诗,甘做她裙边的一株杂草。1922年,"林徽因在英,与志摩有论婚嫁之意,林谓必先与夫人张幼仪离婚后始可……"(陈从周《徐志摩年谱》)

　　林徽因对于徐志摩最终遗弃,究竟是因为她的明智。她对于诗人的热情,有着不可信任的直觉,徐志摩的浪漫与飘逸是她所欣赏的,但也是她无法把握的,以至于自己无法焕发出同样的激情去应和。

她可能会被徐的性格、热忱和他对自己的狂恋所迷惑;他的出现是她生活里的一个奇遇,然而,却不至于让她背弃家里为她安排的主流的人生道路。

智者,用他们所不能拥有的来换取他们所不能失去的。恋爱中的人儿也应该做智者,来经营自己的爱情,而不是一味地迁就,让爱情变质。

女孩子们往往是敏感而又脆弱的,但同时她们又是最能付出的,她们会全心全意地对待他人,而不去考虑自己的得失。(当然,也有少数的女孩的心计让人害怕,避之不及。)

所以,要保持头脑的清醒和理智是非常必要的。爱情是生活中的奢侈品,并不是必需品,一旦它影响了我们的正常生活和思想,那么就应该考虑是否需要它的存在了。有些错误的东西,就要懂得放弃。也许会让你很痛,但是短暂的痛苦过后带给你的是理智的头脑,清醒的思路,和一种释然的豁达。把爱紧握在手心和强求它留在身边只能带来更多的痛苦。

爱心叮咛:

林徽因做到了及时放手,那么同为女人的你呢?是不是还在犹豫、挣扎?苦苦痴迷于一段感情?请认真看清眼前的感情,如果是这8种感情中的一种,还是尽早放手吧,这样对谁都好。

你在乎对方比较多

你在谈恋爱,却不确定对方的想法;你觉得你们很合适,他好像不以为然；他不在时你很想他，你不在时他好像没差别，这表示什么？二人若不同心，岂能同行呢？

有时候会有一方爱另一方较多的情形，若是在健全的感情中，会有交替的现象，两人轮流扮演着追求和被追求的角色；但如果有一方总是扮演追求者，这样的感情是不健全的，长久下去，你会对爱饥渴，你会觉得受对方控制，你会感到愤怒、受骗、痛苦。

你爱的是对方的潜力

你爱的是对方的潜力，而不是对方真正的样子，你爱的是对方未来可能的样子，那他根本不是你的伴侣，而是你改造的对象。我们每次作婚前辅导时都会问，如果对方50年内都不会改变，你会满意吗？如果你一直希望能改变对方，才觉得比较满意，那就不是爱，而是赌博，用双方的快乐当作赌注。

你跟一个人交往时，要爱和尊重对方的本相，而不是他未来的样子，你可以期望他继续成长，但你必须满意他现在的样子。

你想要帮助对方

你常觉得对方很可怜吗？你觉得自己有责任帮助对方振作起来吗？你会不会害怕如果离开对方，他会受不了打击？如果是，你恐怕是个"救难狂"。"救难狂"不会去找一个合适的对象，而是找一个自己所同情、可以帮助的对象。找一个受过创伤、脆弱、依赖、不被爱、委屈的人，你由怜生爱，他会对你心生感激，这样的感情像是一项救援任务，而不是健全、平衡的感情。担任救援任务的人，往往是把同情误当作爱。这里要牢记的关键是"尊重"，你爱的对象必须是你能够尊重的人，你必须以对方为荣，你的伴侣不要你的救援，而是要你真正了解他。

把对方当作崇拜的对象

年轻的女明星爱上导演、大学生爱上教授、秘书爱上老板……

爱上所崇拜的对象,这种感情很难维持正常,因为两人之间无法平等对待。男女双方必须要平等对待,不是指地位,而是态度,不能过度崇拜对方。会爱上所崇拜对象的人,通常自信心低落,他们觉得自己很糟糕。

你若不能爱自己,怎么去爱别人?如果你过度崇拜对方,这种感情不会有结果。

你只是被对方外表吸引

每个人都会这样,对吗?如果你发现自己被对方的某个特质深深吸引,要问自己,若对方没有那双蓝色的大眼睛、磁性的声音……若对方不是模特儿、不会打篮球……我还会跟他(她)在一起吗?

短暂朝夕相处的机会

你和对方分担某个工作,常常要一起加班,于是你觉得爱上了对方。你去度假三周,认识一个也来度假的男人,你觉得好像坠入情网。短暂的朝夕相处,是指在特殊情况下凑在一块,并不是常轨,这种感情不能持久,因为短时间的朝夕相处无法使你完全了解对方的个性。

为了叛逆才选择的对象

父母老是跟你强调,要找个有钱的对象,偏偏你每个男朋友都是穷光蛋;从小父母就对你管教严格,偏偏你每个女朋友都很随便;从小父亲就耳提面命,传宗接代是最重要的事,偏偏你的女朋友不是不能生,就是不想生。如果你所选的对象,老是令父母生气,很可能你只是想叛逆,你觉得一定要证明什么来反击,当你不能控制自己的选择时,你并不是真心爱对方,这段感情注定没有结果。

对方不是自由身

"自由身"就是可以自由和你交往,没有结婚、没有订婚、没有固定的交往对象、没有和别人上床、单身,只和你交往的人。

　　如果你爱上的那个男人答应会早点和另一个女人分手；或是他说他不爱那个女人，他爱的是你；或是他原来的对象接受你的存在，他们不打算分手，但他想跟你在一起一阵子；或是他刚分手，但可能破镜重圆……这些都不是自由身。

　　别和已婚或有对象的人交往，不管是什么借口，结果都一样，你注定要心碎。别忘了，你只是接收了另一个人用剩的部分而已。

第二章

兰心蕙质出名门

——淑女是这样打造的

她有着坦诚自尊、平等自由的独立人格，中西合璧、优雅高尚的完美气质，高瞻远瞩、兼容并蓄的开阔眼光……

1. "智慧之美"的魅力

　　林徽因的容貌绝对不是天下无双的,她的智慧也绝对不是古今中外历史上女人世界的旷世奇葩,但唯有她,让大诗人徐志摩念想一生,让梁启超之子宠爱一生,让大哲学家金岳霖孑然一身。

　　有人说,比林徽因漂亮的女子没有她有才,比她有才的女子没有她漂亮,而既漂亮又有才的女子大多是交际花。

　　林徽因在《你是人间的四月天》中写道:"我说你是人间的四月天;笑响点亮了四面风;轻灵在春的光艳中交舞着变。"无疑是对感性的表达,这种感性既是一个女子的真性情,也是一个真性情女子的本真。

　　她没有选择徐志摩,却给了他足够的关注与欣赏,她没有选择金岳霖,却给了他充分的敬仰与尊重。显然,她是一个非常有智慧的女性。而她的美丽也因了她的智慧而历久弥新。

　　年轻时候的林徽因是美丽的,美貌会凋谢,智慧却会增加。

　　作家赵清阁这样描述中年时的林徽因:"林女士已经四十五岁了,却依然风韵秀丽。她身材窈窕,穿一件豆绿色的绸晨衣,衬托着苍白清瘦的面色,更显出恹恹病容。她有一双充满智慧而妩媚的眼睛,她的气质才情外溢。我看着她心里暗暗赞叹,怪不得从前有过不少诗人名流为她倾倒!"

　　还不仅如此,重病在身的林仍是:"那俊秀端丽的面容,姣好苗条的身材,尤其是那双深邃明亮的大眼睛,依然充满了美感。至今我还是认为,林徽因是我生平见过的最令人神往的东方美人。"

如果一位美丽的女人不把美丽作为利用的资本,而是靠实力进取,那么她才是智慧的美人。如果说女人的容貌有更多先天的资质,而智慧则需要更多实力的展示。

女子凭着一张俊俏的脸可能会取得他人的赞叹,但缺少了智慧的"扶持"却很难让自己的形象达到一定的高度。智慧是一张王牌,它能让容貌永远维持美丽,让容貌永远焕发魅力。

"智慧之美"的魅力,是拥有独立自主的意识状态和自尊自重的情感状态。她们勇于接受来自各方面的挑战,她们善于从大自然与人类社会这两部书中采撷智慧,她们不再留有"男性附庸"的余味。

在一次选拔"香港小姐"的决赛中,为了测试参赛小姐的思维敏捷程度和应对技巧,主持人提出了这样的一个问题:"假如你必须在肖邦和希特勒两个人中间选择一个为终身伴侣的话,你会选择哪一个?"

对于这个问题,绝大多数的参赛小姐都选择了肖邦。答案自然不能算错误,但是不够有特色,显得人云亦云,千篇一律。

其中一位参赛小姐是这样回答的:"我选择希特勒。如果我嫁给希特勒的话,我相信我会感化他,那么第二次世界大战就不会发生了,也不会有那么多无辜的百姓家破人亡了。"这位小姐的巧妙回答赢得了人们的掌声,因为这位小姐不仅出人意料、与众不同地选择了希特勒,而且作出了合情合理的正义善良的回答。

可见,女人可以不美丽,但不能不智慧,智慧能重塑美丽,唯有智慧能使美丽长驻,智慧能使美丽有质的内涵。

人的追求不完全来自外貌，它主要来自人的内在力量。漂亮自然值得庆幸，但并不代表有魅力、有气质。

人的相貌是天生的，人的审美观念则是后天产生的，这自然也是客观存在。外貌漂亮的确是一种优势，但这个世界上那种天生尤物毕竟为数不多，大多数的芸芸众生都是相貌平平的，这些相貌平平甚至有些丑陋的女人所表现的美，就是其内在的品德修养所散发的气质与智慧。

女性的智慧之美，它甚过容颜，因为心智不衰，它超越青春，因而智慧永驻。

2.别丢掉,这一把过往的热情

林徽因在诗中说:"别丢掉,这一把过往的热情。"她的热情,不光体现在事业的追求上,更是待人热情、生活热情的高手。

林徽因很早便开始诗歌创作, 她的作品既充溢灵秀又饱含风骨。《莲灯》、《风筝》无不于轻柔外表里寄寓凝重隽永的沉思。让我们来看看她的诗《莲灯》:

如果我的心是一朵莲花,

正中擎出一枝点亮的蜡,

萤萤虽则单是那一剪光,

我也要它骄傲的捧出辉煌。

林徽因开始诗歌创作的同时,也尝试着小说创作,女性作家的小说往往流于滥情,林则一洗而尽。她的每一篇小说,读来都具有纯正、雅致、隽永、缜密的美感,见出学者作家的理性和睿智。

林徽因把似乎冰冷的建筑科学,注入诗人似的热情,使它兼有了艺术光彩。

作为一个古建筑学家,林徽因身兼史学的哲思、文学的激情,她的学术报告少有晦涩难懂的专业术语,更像优美的文学作品。如果不拘泥的话,她完全可被称为一位杰出的散文家。

有这样的热情,怎能不让人喜欢呢?

在北平,林徽因的家成了著名的"太太的客厅",在这个闻名遐迩的"客厅"里,也四处洋溢着她的热情,有一段小插曲可以略见一斑。

林徽因在给沈从文的邀请信中说:"初二回来便忙乱成一堆,莫名其所以然。文章写不好，发脾气时还要诌出韵文！十一月的日子我最消化不了，听听风，知道枫叶又凋零得不堪，只想哭……萧（乾）先生文章甚有味儿。我喜欢，能见到当感到畅快。你说的是否礼拜五？如果是下午五时在家里候教，如嫌晚星六早上也一样可以的。"

萧乾看这封信之后，都惊讶于"太太"的热情，他当时得知林徽因的肺病已相当严重，以为她会穿睡衣接待客人，没想到林徽因却穿了一套骑马装。由于出入"太太客厅"的都是圈子里的名人，初来乍到的萧乾一时还有些生疏，但林徽因的热情让他很快适应那样的氛围。

可见，保留一份热情，是可以点燃他人的。

一位哲人说过："一个人可以没有权势，但他不能没有生活的热情。"

林徽因那一颗热情饱满的心，恰如"人间四月天"，能化解世间所有的不快与无奈，是热情给了她最好的关照。可见，热情是一种对生命的敬畏和对自我及他人的尊重。

很多女人都会遇到这样的情况：她们总是感到生活没有热情，对任何事情都提不起兴趣来。而一个失去了热情和动力的女人，会像一朵失去了水分的花儿一样慢慢枯萎凋谢。即使女人们拥有令人羡慕的容颜，也会因为不复存在的热情，而变得不再年轻。不论从生理上，还是心理上，保有热情的女人会显得更年轻更漂亮。正如人们常说，年轻不仅是一种生理状态，也是一种心理状态。

月月是一位长相非常标致的女人。她老公经营着一家大型企业，为了更好地照顾老公和孩子，月月辞去了某公司职员的工作，在家里当起了专职太太。

月月的脑子里除了老公，就是孩子，要不就是那几间华丽的大房子。时间一长，月月失去了原来对生活的渴望与憧憬，开始对任何事情都不感兴趣了。有朋友叫月月一起出去逛街,月月会觉得没意思。等老公晚上回来,想跟月月亲热亲热,竟然也被月月拒绝了。

不知道是生活太过富足了,还是生活平静得如同湖面一样波澜不惊,月月觉得吃再好的饭也不香了,收到再好的礼物也不会惊喜得尖叫了。老公让她没事的时候,在家里练一练瑜伽,可是月月根本没有耐心学,只要把老公送出门,把孩子送到托儿所,月月就会懒洋洋地往沙发上一躺。到后来,月月竟然一个人在家里哭起来。因为她发现自己连看电视的热情也没有了。她不仅感到无聊、无趣,而且感到痛苦。

半年后的一天,月月去参加同学聚会,她明显感到自己不如女同学们年轻。不论是从外貌上,还是从身体上散发出来的气息,都比同学们老了一截。每个人都有很大的工作热情和让生活过得更好的动力,可是月月却什么也没有。她委屈地流下了眼泪……

很多女人认为,自己年龄大了,热情已经用光了,再努力也是徒劳。这样的想法完全是错误的,因为任何时候的努力都不算晚。热情不但可以让女人获得成功,还可以让女人变得美丽和充满魅力。一个没有热情的女人,就好像心灵上长满了皱纹,而当我们的心灵上长满皱纹时,皱纹也会快速地长满我们的脸颊。

假如你对爱情没有热情,跟你谈恋爱的人会觉得非常痛苦;假如你对生活没有热情,你就会把生活搞得一团糟;假如对工作没有热情,升职加薪的事儿永远也轮不到你……而当一切不如意,都因没有热情而衍生出来时,女人也就会真的慢慢变老了。

身为女人,你需要时刻调整自己,美国的哲学家、散文学家、诗人爱默生说:"没有热情,任何伟大的事业都不可能成功!"热情是女人精神世界的宝贵财富,没有热情的女人就像没有上发条的钟表。不管你是20岁、30岁,还是50岁,让自己充满热情,你才会青春永驻。

3.淑女必书女

女作家毕淑敏认为：淑女必书女。

林徽因在民国初期就被认作"中国第一才女"，出生于书香门第的她不仅是诗人、作家，又有教授、建筑学家等光辉的头衔，她是一个集多种才华于一身，吸收了东西方文化之精华的新女性。

"你是一树一树的花开，是燕在梁间呢喃，——你是爱，是暖，是希望，你是人间的四月天！"这是林徽因创作的诗句，让多少人低回吟咏，它是这位奇女子才情的缩影。

能够拥有如此成就，不是与生俱来的才能，与她广泛涉猎、博览群书不无关系。

出生于杭州陆官巷的林徽因，父亲林长民是清末民初政坛上的风云人物，其大姑母伴她走过了启蒙教育时代。林徽因异母弟林暄回忆道："林徽因生长在这个书香家庭，受到严格的教育。大姑母为人忠厚和蔼，对我们姊兄弟亲胜生母。"这为林徽因后来的成就埋下了最初的注脚。

由于父亲时常在外，林徽因6岁大的时候就开始为祖父代笔给父亲写家信了。祖父去世后，父亲常在北京忙于政事，全家人住在天津，时年十二三岁的林徽因几乎成了家里的主心骨，早早地承担起了家庭的责任。定居北京以后，林徽因进入教会办的贵族学校——培华女子中学读书，这所教风严谨的学校令林徽因得到了良好教育。

徐志摩发现年方十几岁的林徽因读过很多书,她居然能和他一起谈论名家的作品,甚至是外国的原著,这令他感到很吃惊。的确,当时的林徽因对文学作品的理解超出了她的年龄。当徐告诉林徽因,他最喜欢的诗人是拜伦、雪莱和济慈时,林徽因居然能立即用英语背诵出他们的作品来,这也可能是徐对她产生浓厚兴趣并倾心不已的主要原因之一吧。

林父说,林徽因的博闻强记令人惊异,无论是济慈、雪莱,还是勃朗宁夫人、叶赛宁、裴多菲、惠特曼……在以林家为中心的小文坛,如果有谁记不住、背不出的诗句,林徽因都能准确无误地出口成章。当她用英文朗读诺贝尔奖获得者、爱尔兰诗人叶芝的《当你老了》这首诗时,在座的陈岱孙、金岳霖也被感动得泪流满面,可见其阅读功底之深、感染力之强。

气质,不仅仅靠人生的阅历、学历、身份、地位而来,还靠读书。

书中自有颜如玉。爱读书的女人最美丽,爱读书的女人美得别致。她不是鲜花,不是美酒;她只是一杯散发幽幽香气的淡淡清茶,即使不施脂粉,也显得神采奕奕、风度翩翩、潇洒且风姿绰约!她不管走到哪里都是一道美丽的风景。她可能貌不惊人,但她有一种内在的气质:幽雅的谈吐超凡脱俗,清丽的仪态无需修饰,那是静的凝重,动的优雅;那是坐的端庄,行的洒脱;那是天然的质朴与含蓄混合,像水一样的柔软,像风一样的迷人,像花一样的绚丽……

做个爱读书、读好书的女人吧。买书、读书、写书,让书成为自己经久耐用的时装和化妆品。

相关链接：

书让女人变得聪慧，变得坚韧，变得成熟。书使女人懂得包装外表固然重要，而更重要的是心灵的滋润。和书籍生活在一起，永远不会叹息。

一个女人的一生，最好读过下面这些书。

1.张爱玲《倾城之恋》

2.马格利特·杜拉斯《情人》

3.考林·麦卡洛《荆棘鸟》

4.村上春树《挪威的森林》

5.渡边淳一《失乐园》、《男人这东西》

6.钱钟书《围城》、《婚姻的镜子》

7.劳伦斯《虹》、《爱恋中的女人》、《查泰莱夫人的情人》

8.泰戈尔《飞鸟集》、《新月集》

9.塞林格《麦田里的守望者》

10.米兰·昆德拉《缓慢》

11.西蒙娜·德·波伏娃《第二性》

12.雪儿·海蒂《性学报告》

13.圣埃克苏佩里《小王子》

14.让我来成全你的幸福：小仲马《茶花女》

15.灵魂的哲学与博爱：司汤达《红与黑》

16.越过爱情，看见春暖花开：简·奥斯丁《傲慢与偏见》

17.我爱你，与你无关：茨威格《一个陌生女人的来信》

18.这简直像戏一样：威廉·莎士比亚《罗密欧与朱丽叶》

19.爱永远不用说对不起：西格尔《爱情故事》

20.山在那里，你的心碎了：岩井俊二《情书》

21.充满暗礁的爱情海洋：加西亚·马尔克斯《霍乱时期的爱情》

22.爱情终究成了一种传说:阿兰·德波顿《爱情笔记》

23.温柔而坚强:夏洛蒂·勃朗特《简·爱》

24.粉色的小爱情:堀川波《我就喜欢你这样的地方》

25.有天堂,但是没有道路:北村《玛卓的爱情》

26.美与爱是独立的:川端康成《雪国》

27.难得糊涂的爱情与婚姻:列夫·托尔斯泰《安娜·卡列尼娜》

28.战火中成长的美丽与坚强:玛格丽特·米切尔《飘》

29.用哲学来思考:米兰·昆德拉《生命中不能承受之轻》

30.奥德修斯式的传奇:雨果《悲惨世界》

31.二十四小时,路过爱,走过禁区:霍桑《红字》

32.最残酷的爱和最不忍的恨:曹禺《雷雨》

33.值得付出一生的等待:帕斯捷尔纳克《日瓦戈医生》

34.唤醒生命的人:海伦·凯勒《假如给我三天光明》

35.只有渺小的人物,没有渺小的爱情:西奥多·德莱塞《珍妮姑娘》

36.黄叶铺满地,我们已不再年轻:路遥《平凡的世界》

37.生得寂寞,死得单调:萧红《呼兰河传》

38.爱上你的心:雨果《巴黎圣母院》

39.爱和欲的煎熬:福楼拜《包法利夫人》

40.我的成长与战争共呼吸:安妮·弗兰克《安妮日记》

41.沉重的枷锁:张爱玲《金锁记》

42.在自我面前忏悔吧:列夫·托尔斯泰《复活》

43.片刻的浮华盛世:莫泊桑《项链》

44.战争,让女人走开:瓦西里耶夫《这里的黎明静悄悄》

45.包容的爱还是彻底的恨:艾米莉·勃朗特《呼啸山庄》

46.从"黑暗意识"中苏醒:翟永明《女人》

47.溶解心灵的秘密:舒婷《舒婷诗集》

48.爱,我们曾共同拥有:叶芝《当你老了》

49.你最美的气质是自由:惠特曼《草叶集》

50.此幸福,彼幸福:杨绛《我们仨》

51.成长是目的,爱情是过程:张小娴《面包树上的女人》

52.用另一个角度来看婚姻:老舍《离婚》

53.一个女人的城市传奇:王安忆《长恨歌》

54.爱情与食物的辩证关系:徐坤《厨房》

55.勇敢地被启蒙:高尔基《母亲》

56.跳来跳去,你跳得出生活吗:契诃夫《跳来跳去的女人》

57.棘心天天,母亲辛劳:苏雪林《棘心》

58.有时候,钱也是安全感:亦舒《喜宝》

59.一切只是私人生活:陈染《私人生活》

60.让它变成事实吧:王小波《黄金时代》

4.保持自我本色

林徽因展示了一个真实的自己,她总是让她身边的人看到真实的她,从而不得不产生疼惜之情。

林徽因常常在晚上写诗,与别人不同,她写诗的时候,要"点上一柱清香,摆一瓶插花,穿一袭白绸睡袍,面对庭中一池荷叶,在清风飘飘中吟哦酿制佳作"。林徽因的堂弟说:"我姐对自己那一身打扮和形象得意至极,曾说'我要是个男的,看一眼就会晕倒',梁思成却逗道,'我看了就没晕倒',把我姐气得要命,嗔怪梁思成不会欣赏她,太理智了。"这是一个自恋的林徽因,一个自恋的有些可爱的林徽因,她的这份自恋是对一个男子的致命诱惑,谁人都难以逃离。

李健吾在《林徽因》中提到,当着林徽因的谈锋,人人低头。平时滔滔不绝的叶公超在酒席上忽然沉默了,口若悬河的梁宗岱一进屋子就闭拢了嘴,这是为什么呢?因为他们看到林徽因在场。有人笑道:"公超,你怎么尽吃菜?"公超没有说话,只是指了指"指点江山"的林徽因。又有客人笑道:"公超,假如徽因不在,就只听见你说话了。"公超说:"不对,还有宗岱。"可见,林徽因在圈子里是个爱出风头的女人。

徐志摩曾有一些私人书信日记及八宝箱交给凌叔华,让其代为保存。徐志摩罹难后,很多人向凌叔华索要书信,林徽因也是其中之一,她的意图是:"我只是要读读那日记,给我是种满足,好奇心满足,回味这古怪的世事,纪念老朋友而已。"很容易地,她从凌那里讨得徐志摩的《康桥日记》，等到还给凌叔华的时候，日记却少了几页，而那几页内容正是有关林徽因的部分。

这是一个真实的林徽因，虽然被世人炒得光鲜亮丽，但林徽因毕竟是个世道中人，她再是生活在书画中，也是要居家过日子的。

每个人都有自己的特点，而且是真真实实存在着的本色。这个真实的自我是你和别人相处时展示出的基本姿态。

两个可爱的少女在路上走着，其中一个少女较为高挑，她的表情配合着她讲述的内容，不知她们经历的事情有多么让人兴奋。她时而扬起修长的手臂比画着，时而调皮地吐吐舌头，她的女伴则不时地捂着肚子咯咯大笑。

在一旁观察良久的导演高兴不已，她们的表情和笑声多么富有感染力啊。两个少女长得都很可人，尤其是那个高一点的，一双又大又亮的眼睛那么迷人！这不正是自己物色的演员吗？他立即带着摄影组走过去。

明白了导演的意图，意识到镜头正对着自己，那个高个子少女立即收起了刚才兴高采烈的表情，把一双手端放在腹前，不难看出，她是在竭力让自己显得更高雅一些。她压抑着内心的喜悦，凝视着前面的镜头……

最后，导演选用了那个美丽高挑少女的女伴，一个之前相形之下略为逊色的女人。

"我这样决定只是因为她一听到有机会成为演员，就高兴地蹦跳起来，摇晃着她那位正在镜头前摆高雅姿态的朋友。"导演这样说，"一个不能自然表现自己的演员，会成为一个很糟糕的演员。"

　　不要对自己加以掩饰,那样会把你的长处掩藏起来,给人做作、不真实的感觉。能够真实的活,本来就是一种幸福,因为遮掩真实是痛苦的,而真实能让别人更清楚地看到我们。我们所有的悲欢离合、喜怒哀乐在别人那里都一览无余,我们对别人是真正的信任,对自己也是真正的信任。唯有真实才真正属于自己。

　　要成为真实的女人,必须要保留自己的特性,要知道"一家之言"要比"人云亦云"更讨人喜欢,更能给人留下好印象。率真和坦诚更让人乐于接受,做作和伪装永远遭人唾弃。保持自己的本色就是率真和坦诚的表现,掩饰自我就是典型的做作和伪装。

5.培养广泛的兴趣爱好

有一位著名作家说过："任何一种兴趣都包含着天性中有倾向性的呼声，也许还包含着一种处在原始状态中的天才的闪光。"拥有自己兴趣爱好的女人是懂得享受生活的女人。

林徽因有多元化的才艺、多元化的爱好、多元化的事业，甚至多元化的朋友。

林徽因在建筑、诗文方面有非常杰出的表现，她的其他方面的才学也是相当卓越的。

1925年，为了倡导新剧，闻一多、梁实秋等留美学生曾经在美国组织"中华戏剧改进社"，林徽因是主要成员，这也是她艺术理想之一。他们发函邀请国内新月社的成员参加，建议在北京大学开设"戏剧传习所"，并设想归国后由闻一多办这样一所艺术大学：

"有梁思成君建筑校舍，有骆启荣君担任雕刻，有吾兄（闻一多）濡写壁画，有余上沅、赵太侔君开办剧院，又有园亭池沼花卉草木以培郭沫若兄之诗思，以逗林徽因女士之清歌，而郁达夫兄年来之悲苦得借此消释。"

显然这已经远远超出了林徽因对建筑学的理想诉求，非但如此，在当时的情势下，她能如此超越思想的樊篱，勇于突破自我，在多元化的道路上敢于大胆创新，确实是令人赞叹之举。

在泰戈尔访华的时候，林徽因就同父亲林长民同台演出泰氏名剧《奇特拉》，当时著名的媒体《晨报》经常以大篇幅介绍他们的演出状况,称赞这是"父女合演,空前美谈"。

我们且不说是在彼时,就是在当下,我们能够在大众面前抛头露面出演爱情戏也是需要极大勇气的吧,可见多元化的女子是有莫大的魄力的。

尽管选择了古建筑为主要研究方向,但林徽因除了业余时间在诗、小说等方面的创作外,也没有放弃对戏剧的尝试。1937年,林徽因在《文学杂志》上创作了四幕剧《梅真同他们》,在作品中,她对技巧的纯熟把握令人叹为观止,她采用口语化的白话文对白,人物个性鲜明,情节紧凑干练,高潮迭起。

林徽因有着明确的创作主旨:"我所见到的人生戏剧价值都是一些淡香清苦如茶的人生滋味,不过这些场合须有水一般的流动性……像梅真那样一个聪明的女孩子在李家算是一个丫头,她的环境极可怜难处。在两点钟的时间限制下,她的行动,对己对人的种种处置,便是我所要人注意的,这便是我的戏。"虽然不是专业背景出身,但林徽因在这方面的创作已相当娴熟。

原计划是四幕剧,但写到第三幕的时候,抗战爆发了,林徽因也中断了写作计划。由于前三幕优秀的表现,很多热心的读者对第四幕产生了浓厚的兴趣,更有不少的粉丝追着林徽因问:梅真后来怎样了?林徽因的回答很干脆:抗战去了。幽默而风趣,俨然一个成熟大家的风范。

林徽因在相关方面的兴致,往往体现出复合性的构向。

林徽因曾经为天津南开新剧团公演的话剧《财狂》担任舞美设计,后来《财狂》取得了非常大的成功,林徽因功不可没。虽然不是主打职业,但林徽因以舞台美术的专业素养、不俗的眼界与功力,使得公演成功。报界对演出成功的报道甚至是连篇累牍的,林徽因也因此成为报界关注的焦点,她一不小心在冷僻的学术圈外,获得了明星般的轰动效应。

做舞美设计的时候，林徽因总是感到特别轻松愉快而又游刃有余。戏剧是她本来就热爱的项目之一，加上有戏剧演出的实际经验，所以她能更加身临其境地拿捏好舞台上的戏剧空间，对舞台的视觉效果、场景的变换及演员的调度也都能把握得炉火纯青。

女人，拥有自己的兴趣爱好，闲暇时可以陶冶性情、修身养性，提高一下自己的生活品位和修养，压力大时可以放松紧绷的心情，消除压力，让自己更快乐。这是女人幸福生活的调味剂，也可以成为女人生活的另一种支撑。

若瑶是一个懂得生活的女人。学生年代，若瑶有很多的兴趣爱好，她喜欢读书，有时间时总是手捧一本书，一杯清茶，静静地读书喝茶。当初，就是这样一个恬淡的场景吸引了若瑶现在的老公，她的老公说他从那时才发现女人认真读书的样子很吸引人。若瑶还喜欢听音乐，生活中，无论她碰到多么难过的事情，无论心情是多么糟糕，一曲轻音乐听完，顿时心情放松不少。另外，若瑶还每个星期都去学习瑜伽，长期的练习，使若瑶不仅拥有比其他女人更好的身材，并且气质也更加出众。

结婚后，若瑶不仅保留了这些兴趣爱好，而且还增加了新的爱好！她跟着儿子的书法老师学习毛笔字，不仅可以督促儿子的学习，而且偶尔露一手，常常让人赞叹不已。社区里在搞绿化，若瑶于是也买了几盆花来养，每天浇水修剪，几个月下来，葱葱郁郁，花香扑鼻，放在客厅里，给客厅增色不少。看到老公与朋友下象棋，她也跟着学习，学会后常常邀老公一战，夫妻两个楚河汉界，刀光剑影，你争我杀，不亦乐乎。

更重要的是，若瑶有了自己的生活空间，不再像别的女人一样每天因为无事可做就盯着老公和孩子挑毛病，弄得家里乌烟瘴气。相反，每天她忙着自己的事情，下班做好家务事后看看书、听听音乐，有时应老公的邀请下一盘棋，和儿子练练书法，全家人一起娱乐，外人都称之为"全家总动员"。而没有压力和争吵的生活也使若瑶越活越年轻，显得更有魅力。

一个有自己兴趣爱好的女人，一定是一个懂得拥有自己空间的女人，她的世界不再仅仅是围着老公孩子家务转，她的内心更加饱满充盈，生活更加诗意。

一个拥有自己兴趣爱好的女人绝不是一个古板的女人，她热情而又灵动，富有活力而又健康。沉浸在自己的世界里时，她是最美的：读书时，她有一种端庄的美；健身时，她有一种健康的美；看风景时，她有一种悠然自得的美。她的美种类繁多，却又无处不在，动静适宜，使她身边的男人沉醉！

6.不要盲目地追求多才多艺

常人都说：艺多不压身。我们也常常羡慕像林徽因那样多才多艺的女人，可是现实生活当中为什么却出现"艺多压身"的现象呢？难道真的说，多才多艺本身就是一个错误？

答案当然不是"是"与"不是"这么简单。

林徽因的才华可能是多元化的，但是我们不该忽略她对于事业的执着投入。在林徽因的事业生涯中，她或单独或与梁思成合作发表了《论中国建筑之几个特征》、《平郊建筑杂录》、《晋汾古建筑调查纪略》等有关建筑的经典文籍，她还为研究我国古代建筑必读的重要工具书《清式营造则例》一书写了绪论。

要知道，一个人的精力是有限的，爱好太多，难免会分散精力，精力过于分散，就难以在一个领域里取得好的成绩，比如，我们常常会遇到这样一种"多才多艺"的女孩：她会演奏乐器，会画画，会打球，爱好文学，爱好戏剧……好像就没有她不会的东西，可是她真正能拿上台面的技能却一样也没有。

她们把全面仅仅理解成"全"，却忘记了全面发展的本质是发展特长。

李玉琴从小就喜欢写作、画画和唱歌，而且在这几方面她都极具天赋。她的作文常常被老师拿来当作全班的范文，画画也在各种比赛中频频得奖,嗓子也不错,每次她唱歌都会引发听者由衷的热烈掌声。其实除了这几项爱好之外,她还有很多的爱好,譬如说跳舞。

总之,在别人眼里她是一个多才多艺的女孩子,她也以此而自豪。但是,后来这些才艺却给她带来了无尽的烦恼。进入高中后,首先她就面临着发展方向的难题。她对写作、画画、唱歌的爱好程度不分上下,因此,对于一般人轻而易举能够决定的事情,却让她左右为难。最后,她听从父母的意思,选择了画画。

从高中开始,她参加了美术培训班。凭着自身的天赋,最后考上美院的艺术设计系。大一的时候,她凭着自身的天赋,专业成绩常常是系里最好的,而且有多幅专业作品留校。可是到了大三,她就明显的感觉有些力不从心了,她的专业水平从上等水平落后到中下等水平,直到大四毕业,她在专业上已经不具竞争力,属于一般的水平。其中的原因,她自己其实心知肚明,那就是她将大量的时间用在了写作和唱歌方面。没有办法,她难以割舍写作和唱歌,每次的校刊校报上,总是有她的文章出现,而且在大三时,她加入了学校的校刊编辑部,最后还竞选上了校刊主编。学校组织的每次音乐活动,也都会有李玉琴的身影。她后来组织了一个乐队,她任主唱,为了锻炼乐队的水平,她们在各种酒吧"跑场",虽然她们的演出都是免费的,但她们乐此不疲。

在高速发展的信息时代,人们获取信息及知识的方式变得越来越方便,如果我们见到什么就学什么,什么热门就学什么,那么要花多少时间和精力才能全面发展呢?全面发展的"全面"不应该理解为一个量的概念,其实质是个性、特长发展。全面发展关注体现全面的基本方面而非一切方面。个性发展的理念不仅更靠近了创造教育,也对德、智、体、美形成更确切的理解。

从这个意义上来讲，女人不必刻意追求"多才多艺"，不要一看到别的人多才多艺，就感觉自己像个呆子，什么也不会，责备自己一无是处。当然有条件的、有精力的，能适当发展自己的爱好特长陶冶情操，也是好的。但毕竟一个人的精力有限，做事情要分清轻重缓急。人只有在心无旁骛的情况下，才能出色地完成一项任务。

一个人没有学历，没有工作经验，发展的也不全面，但是如果有一项特长，一处与众不同的地方，就可能得到社会的承认，拥有其他人不能获得的东西。可是在我们身边，许多女人往往走入误区，譬如一些女大学生在校读书期间，忙着考这证考那证，证书弄了一大摞，忙着做主持、当模特，业余职业换了一个又一个，但毕业之后却很难找到一份合适的工作。原因是由于她们片面地追求"多才多艺"，分散了时间和精力，却忘记了专注去发展自己的特长，结果事与愿违。

一个人自诩有多种技能，但由于蜻蜓点水、钻研不透，反而不如拥有一项专长的人受青睐。专注于某一件事情，尽力把它做到无可挑剔，你可能会比技能虽多但无专长的人更容易获得成功。

7.口吐莲花,妙语连珠

有些女人是天生的社交高手。这不是因为她们拥有倾国倾城的容貌,而是因为她们在任何场合,都能口吐莲花,妙语连珠,博得满堂彩。

身为"太太客厅"的女主人,林徽因是这个舞台上不折不扣的中心人物,她优雅的谈吐与机智迷人的辩论能力,使她的气质芳香经久弥漫。

林洙在《梁思成、林徽因与我》书中如是写道:

"梁家每天四点半开始喝茶,林先生自然是茶会的中心,梁先生说话不多,他总是注意地听着,偶尔插一句话,语言简洁、生动、诙谐。林先生则不管谈论什么都能引人入胜,语言生动活泼。她还常常模仿一些朋友们说话,学得惟妙惟肖。

有一次她向陈岱孙先生介绍我说:'这个姑娘老家福州,来自上海,我一直弄不清她是福州姑娘,还是上海小姐。'接着她学昆明话说:'严来特使银南人!'(原来她是云南人!)逗得我们都笑了。"

可见,林徽因在"客厅"里是充满幽默的,她的风趣使大家获得了一种空前的放松与释怀,尤其是在那样的灰色岁月中,这种不同寻常的谈吐是一定会给大家留下良好的印象的。

林洙在书中说:"她是那么渊博,不论谈论什么都有丰富的内容和自己独特的见解。一天林先生谈起苗族的服装艺术,从苗族的挑花图案,谈到建筑的装饰花纹。她又介绍我国古代盛行的卷草花纹的产生、流传；指出中国的卷草花纹来源于印度，而印度的来源于亚历山大东征。她指着沙发上的那几块挑花土布说，这是她用高价向一位苗族姑娘买来的，那原来是要做在嫁衣上的一对袖头和裤脚。她忽然眼睛一亮，指着靠在沙发上的梁公说：'你看思成，他正躺在苗族姑娘的裤脚上。'我不禁噗哧一笑。"

林徽因的老朋友费慰梅是美国著名汉学家费正清之妻，她是研究东方古代艺术的专家，毕业于哈佛大学美术系，曾任美驻华使馆文化专员。她曾这样来形容林徽因："她的谈话同她的著作一样充满了创造性。话题从诙谐的轶事到敏锐的分析，从明智的忠告到突发的愤怒，从发狂的热情到深刻的蔑视，几乎无所不包。"

在她家客厅的著名沙龙里，任何谈笑有鸿儒的对话，她都是当仁不让的主角，即使在重病中都躺在沙发上跟客人们大谈诗歌与哲学。

曾经的沙龙客之一萧乾回忆说："她说起话来，别人几乎插不上嘴。别说沈先生（沈从文）和我，就连梁思成和金岳霖也只是坐在沙发上吧嗒着烟斗，连连点头称是。徽因的健谈决不是结了婚的妇女那种闲言碎语，而常是有学识，有见地，犀利敏捷的批评。我后来心里常想：倘若这位述而不作的小姐能够像18世纪英国的约翰逊博士那样，身边也有一位博斯韦尔，把她那些充满机智、饶有风趣的话一一记载下来，那该是多么精彩的一部书啊！"

可惜，林徽因也承认自己是个"兴奋型的人"，情绪喜怒不定，像朵带电的云，只凭一时的灵感和神来之笔做事，所以她留下的作品并不多。她的聪慧，更多的时候是一种传说，流传在那些见识过这聪慧的文化名人们的口头笔端，而战争、疾病、政治运动、贫穷而琐细的家庭生活又剥夺了她大量的创作精力。

所以,抛开她那些著名的"绯闻",在学术层面上,人们通常只知道她是国徽的设计者、北京古建筑的积极保护者,而忽略了她更加丰沛的才华。而她的优雅谈吐所散发出来的芳香,也不仅仅是知识与幽默的结合体,更多的是个性与真情的流露,它包含着一些创造性与率真性。

相关链接:

那么具体来讲,现代女性要修炼优雅的谈吐,应该从哪几个方面多下工夫呢? 在此,我们给出一些建议,希望对你有所帮助。

随时更新知识积累

穿着时尚的女人总能给人美感,而如果一个女人穿着时尚,嘴里说的却是上个世纪的词语和话题, 那就只能被人称为"土老帽"了。所以,女人不仅要在服装上做时尚的代言人,也要让自己的知识随时更新,紧紧跟随时代发展的脉搏。

多看新闻,关心时政

爱看报纸和新闻的似乎多是男性,然而作为女性,也不能脱离那些好像跟自己没有关系的政治大事。你不能成为一个"一心只知穿着打扮,两耳不闻窗外事"的女人,否则会给别人留下肤浅的印象。

加强生活积累

很多女人在和别人谈话的时候,别人都不爱听,那是因为她缺乏生活的积累,说的都是一些不着边际的话。所以,要想有好口才,多加强生活积累也很重要。知识、阅历、情感、生活等都能丰富一个女人的内心。这些"养分"是源泉,透过一根根血脉、一条条经络打造着女人的魅力,提升着女人的品位和内涵。

塑造自信性格,给自己积极暗示和鼓励

美丽的女人,不一定要有漂亮的脸蛋和迷人的身材,任何一个女人都可以因为自信而变得美丽。一个自信的女人在任何时候都会面带笑容,遇到任何事情都会处变不惊、坦然面对,即使是遭遇重大事故或艰难选择,她们脸上永远都带着迷人的微笑。自信的女人温柔高雅,无论在任何场合都谈笑自如、举止大方。她们懂得在什么样的场合说什么样的话,也懂得什么该说、什么不该说。不论是面对阿谀奉承还是讽刺挖苦,她们都会以一种平常的心态去面对。

8.读万卷书,行万里路,所见所闻改变一生

1920年春,林徽因随父亲远赴欧洲。林长民如是告诉女儿:"我此次远游携汝同行,第一要汝多观察诸国事物增长见识;第二要汝近我身边能领悟我的胸次怀抱……第三要汝暂时离去家庭烦琐生活,俾得扩大眼光,养成将来改良社会的见解与能力。"这是林父对女儿的期望。

林徽因坐在去欧洲的船上,面对大海,她有生以来首次扩大自己的视野,世界的宽广也令她的胸襟大开。

抵达欧洲之后,天资聪慧的林徽因源源不断地汲取来自异域文明中的文化养分,扎实的英文功底令她能轻松翻看英文书籍。与英国人沟通之余,也能自由地阅读,她研读萧伯纳的剧本,并逐渐领略到文学的真谛。

后来,林徽因考入爱丁堡的圣玛丽学院,在这之前,父亲为她雇了两名教师辅导她英语和钢琴,所以在这所学校,她的英语便更加地娴熟、纯正。同样是在伦敦,受女建筑师的影响,林徽因确立了投身于建筑科学的志向。

读万卷书,行万里路,所见所闻改变一生,人的梦想再大,也大不过所见所闻,林徽因的这段经历,其实是她光彩人生的前奏曲。

现代都市的生活,节奏快,压力大,越来越多的都市人通过旅游来放松自己。每当周末节假日,纷纷走出家门,释放自己被禁锢已久的心灵,投入大自然的怀抱。的确,相同的人,相同的事,相同的路,相同的天空,待久了会心生麻木,旅行却能给人带来感官上的新鲜、心灵上的释放。

旅行会让你更明白自己,也更明白这个世界。若工作压力太大、找不到工作与生活的意义,暂时放下一切去旅行是一个很好的调整心情的办法。即使你在旅行途中只是看看山、听听水、欣赏下日出日落高原雪山，也足以用大自然本身的力量让心灵得到休憩与释放,而这样一个过程对于内心平衡来说至关重要。

当下极为流行的"间隔年",是指青年在升学或者毕业之后工作之前,做一次长期的旅行,让学生在步入社会之前体验与自己生活的社会环境不同的生活方式。

芳子是个90后美女,刚大学毕业不到半年,她辞去了某大型报社记者的工作,在国内一边打零工一边旅行。这样的生活持续了10个月。

"在辞职之时,我并不清楚这段生活到底要持续多久、我期望从中得到什么、旅行结束之后又要干嘛,"她说,"但旅行彻底调整了我的心态与情绪,在旅行接近尾声时,我曾和驴友结伴去甘南朗木寺沿河流徒步。那天,正走在弯弯绕绕的上坡路,脑袋里突然闪出了一个念头:还是去做记者吧,既然你在大学里选择了学新闻、做新闻,那么还是尝试下在社会里做新闻好了。再说当记者也不错,不用坐班,比较自由。"

随后工作的这两年里,遇到过不少困难与麻烦,这样的时刻也曾想过放弃,再次开始在路上的生活,但却总难以达到放弃的那根线:"唔,这一切没有那么严重,你可以坚持的。"

古人说:"不登高山,不知天之高也;不临深溪,不知地之厚也。""读万卷书"固然需要,但"行万里路"更不可少。自古以来,人们都非常推崇"行万里路",许多名人志士都是在饱览名山大川、眼界开阔之后取得了非凡的成就。

苏轼在《石钟山记》一文中，记叙了他深入实地考察，揭开了石钟山得名之谜的故事。

鄱阳湖口有座石钟山，下临深潭。关于石钟山得名的由来，众说不一，但都不能令人信服。为了弄清这个问题，一天晚间，苏轼和儿子苏迈乘坐小船来到石钟山的绝壁下面，只听水上不停地发出噌吰的声音。苏轼仔细观察，原来山下都是石头的洞穴和裂缝，微波流入，冲荡撞击，便形成这种声音，又发现有块大石头挡在水流中心，它的中间是空的，有很多窟窿，风浪吞吐，发出窾坎镗鞳的声音，与刚才噌吰的声音互相应和，如同歌钟演奏一样。至此，苏轼探求到了石钟山得名的真正原因。苏轼之举，被后世传为佳话。

正如那句著名的广告语："人生就像一场旅行，不必在乎目的地，在乎的是沿途的风景和看风景的心情。"

川端在伊豆邂逅的美丽，三毛在撒哈拉找到的幸福，苏童在江南水乡触到的灵感，安妮在墨脱受到的震撼，苏东坡在石钟山的顿悟……旅行收获到的岂止是简单风景？

"阵阵晚风吹动着松涛，吹响这风铃声如天籁，站在这城市的寂静处，让一切喧嚣走远，只有青山藏在白云间，蝴蝶自由穿行在清涧，看那晚霞盛开在天边。"这是许巍的一首《旅行》，极其抒情地诠释了现代都市人对远方美景的向往。

一块石头，一缕空气，一片白云，一寸土地，其实，每个地方，都有它独特的魅力。而旅行的意义也并非仅仅为了某处风景，为旅行而旅行，旅行可以让我们增长见识的同时，得到心情的释放与心灵的憩息。当放下烦闷的工作与琐碎的家务事，当迈出踏上旅途的第一步，轻松与愉悦就会缠绕着双腿，赐予一股力量，继续向前。

第 三 章

太太的客厅

——好朋友是幸福女人的生命驿站

20世纪30年代,在北平有一个客厅,那里"谈笑有鸿儒,往来无白丁",它是那样吸引世人的目光,那就是林徽因的客厅。

1.构建人际关系网很重要

社会学家说,我们正在步入陌生人的社会,告别农耕时代村舍之间的鸡犬相闻,在人潮涌动的现代都市,人际交往不仅仅意味着成功的机会,更代表着更加丰盈的人生。也许你已经厌倦了这样的生活:疯狂打拼之后是,你单调的下班时分——有限的交际圈子,看书、看电视、看碟、玩游戏、上网,几乎日日如此。对于一个白领丽人而言,如果你还想在事业上有进一步的发展,你必须懂得编织以及维护你的人际关系网络。

20世纪30年代,在北平有一个客厅,那里"谈笑有鸿儒,往来无白丁",它是那样吸引世人的目光,那就是林徽因的客厅。

那个客厅绝对不是一般社交场合中的应酬场所,它的特别除了女主人很特殊外,其来宾都是经过女主人慧眼和慧心"过滤"后的,都是当时京城各领域一流的精英。它也透露出了女主人与人交往的原则与层次。

当然,这些人都是林徽因和梁思成的朋友,费慰梅便是客厅的座上客之一,她回忆道:"除了其他人以外,其中包括两位政治学家。张奚若是一个讲原则的人,直率而感人。钱端升是尖锐的中国政府分析家,对国际问题具有浓厚的兴趣。陈岱孙是一个高个子的、自尊而不苟言笑的经济学家。还有两位年长的教授,都在其各自的领域中取得了突破。在哈佛攻读人类学和考古学的李济,领导着中央研究院的殷墟发掘。社会学家陶孟和曾在伦敦留学,领导着影响很大的社会研究所。这些人都和建筑学家梁思成和老金自己一样,是一些立志要用科学的方法研究中国的过去和现在的现代化主义者。到了星期六,一些妻子们也会出席并参加到热烈的谈话中去。"

看来这些人的来头不仅限于林梁二人研究或涉及的领域,他们是如此的有吸引力,其他领域里的专家一样能成为他们的朋友。

费慰梅写道:"在这里常常会遇见一些诗人和作家,他们是作为徽因已出版的作品的崇拜者而来的,常常由于有她在场的魅力而再来。"

这些人中有诗人徐志摩、哲学家金岳霖、作家沈从文与萧乾等,他们学贯中西甚至包含了"水陆空"多栖名流,他们有不同的专业背景与研究方向,和林徽因也都有着共同的理想追求。这个客厅聚会堪称中国第一流的学者和专家沙龙。

金岳霖后来回忆道:"三十年代,我们一些朋友每到星期六有个聚会,称为'星期六聚会'。碰头时,我们总要问问张奚若和陶孟和关于政治的情况,那也只是南京方面人事上的安排而已,对那个安排,我们的兴趣也不大。我虽然是搞哲学的,但我从来不谈哲学,谈得多的是建筑和字画,特别是山水画。有的时候邓叔存先生还带一两幅画来供我们欣赏。就这一方面说'星六集团'也是一个学习集团,起了业余教育的作用。"他们独立于政治之外,却又关心国家时政,相互之间取长补短,这个客厅俨然成了不同行业与专业的交叉科学聚集地。

这些人中不乏一些初出茅庐的青年诗人和作家,如卞之琳。

早在1931年,林徽因就发现了卞之琳,对其作品赞赏有加,并亲自写信邀请他到家中叙谈。无独有偶,两年以后的1933年秋,林徽因又通过《大公报》上发表的短篇小说《蚕》,发现了萧乾,而当时他不过是个正读大三的学生,林徽因又亲自写信给沈从文,请他代邀萧乾做客"太太的客厅"。后来的李健吾,也是经由林徽因的发现开始踏入北平文坛的,等等。林徽因就像一个伯乐,用自己的慧眼发现了他们,并将他们拉进了那个文化圈。

这些名流雅士,通过智慧的相互碰撞,产生了很多思想火花,这为他们日后成为各自领域的带头人多少起了些促进作用吧,而林徽因所建立起来的那个圈子,也成了人才的"摇篮",难怪这些人那么喜欢"太太的客厅"。

"太太的客厅"是林徽因的关系网,而生活在现代的女性,一样需要构建一张人际关系网。这张关系网里的人要精明、有影响力,了解她们的技能和成就,能给她们提供事业上的建议,使她们对事业上的机遇保持敏锐性。女性若能建立这样一张关系网,对自己是不无裨益的。

很多女性一听"关系"二字就本能的反感,这是不对的。从林徽因的故事里,我们可以学到,人际关系网是付出和给予之间的不断平衡,是一种双方同意的公平交易。这里谈不上什么道德评价问题,尤其是在现在仍然谈不上性别完全平等的职业生活中:女性的失业率要明显高于男性,同等职位的女性得到的是比她男性同事低得多的薪酬,而高层领导中女性的存在更是少而又少。

理想的工作、含金量高的点子、具有决定意义的优势信息——那些整日蜗居在自己躯壳里孤僻的女人,永远不会具备这些成功的要素;而那些经常组织聚会,经常参加活动,和别人交往的女人,才能轻松地获得成功的门票,也只有这样的女人才能够成功。

女人,无论你认为自己是超然于关系网的,还是压根不知道如何建立关系网,都应该把关系网当做一种业务工具,一种帮助你建立第四类关系的业务工具。

2.高品质的朋友圈

我们自己的审美情趣也会决定我们朋友圈的气质与属性。

研究风景散文的学者马力在《中国现代风景散文史》一书中说，林徽因是"盈盈顾盼中的意象建构"，是"在风景的光影里闪动着灵智的慧心"。

古人云："近朱者赤，近墨者黑。"交上好的朋友，不但可以交流感情，更可以相互激发潜能，让彼此成为事业上的助力。但同时面对打着灯笼难以寻觅的人才挚友，为什么只和你认识？只和你成为朋友？喜欢你而不喜欢别人？可见，要想在交际圈中拥有如林徽因一样的表现，慧眼与慧心一样都不能少。

汉朝刘向说："与善人居，如入兰芷之室，久而不闻其香，则与之化矣。"女人要有这样的慧眼，而且自己想成为这样的人，就要有颗不慕虚荣的平常心和不嫌贫爱富的真性情。

林徽因能够在那个时代在她所能衍射到的圈子里"呼风唤雨"，是因为她有"东西"，她脑子里的"东西"能吸引他们。丰富的学识不但会使女人变得很独立、很有主见，还会在美貌的基础上，使女人平添几分柔情和典雅。

的确，学识是女人最好的门面，它能令你谈吐不凡，让所有的话语从你口中说出来，如同春雨般沁人心脾。不论何时、何种场合，女人都可以依据自己的知识，发表自己独特的看法和独到的见解，像林徽因一样成为驾驭话题的高手。当别人不知如何解决问题时，还在挖空心思时,你已经根据自己的经验和积累,快速辨明问题、解决问题了。

女人的学识是优秀男人的巨大财富,林徽因成就了梁思成,也以"太太的客厅"为中心,滋润了很多文人雅士的心田,给了他们成功时的激励和心灵受伤时的抚慰,值得他们用一生去珍藏。

一个高品质的朋友圈是什么样的呢?就是保证每个在圈子中的人在关键时刻都能帮上你的忙,让圈子中的每个关系节点都能保持有效性。

关于这一点,可以用"二八"法则来加以阐述。通常当你真正发生财务危机时,80%的所谓朋友不但不会主动借钱给你,还会不接电话,甚至躲得远远的;大概还有20%的朋友,愿意给你正面的影响和帮助;但改变你命运的朋友,不会超过5%。

张晓和李霞相识多年,两人关系不能说近,也不能说远,但凡有两人都会参加的聚会,她们就会寒暄两句。有一次,她们两人都认识的一个朋友结婚,于是她们又碰面了。席间,张晓谈起她弟弟的事情,她弟弟毕业快一年了,至今都没有找到合适的工作,全家都非常着急。

听到张晓这样说,李霞不假思索,拍着胸脯说,这件事情包在她身上了。当着大家的面,张晓也不好多问什么,只得连连感谢李霞。过了几天,张晓带着弟弟亲自到李霞家道谢,并打听找工作的进展情况。不料李霞支支吾吾,口气也变了,说:"何必那么心急呢,我回去跟人事部商量一下再说嘛!毕竟招聘员工是人事部门的事。"

看到这种情景,张晓很生气,拉着弟弟走出了李霞家。

实际上，当时李霞是想在众人面前炫耀一下自己的本事，并不是真心想帮忙。在现实生活中，这种人前一套、背后一套的人，最不应该与之交往。因此，如果你的圈子中有这样的人，就坚决要剔除，以免坏了心情，浪费感情。

你大可不必对圈中所有的人都一视同仁，更不要把精力和信任放在酒肉朋友身上，而应该抽取80%的时间用在最重要、最牢靠、对人生有影响和帮助的20%的朋友身上，努力认识关键或重要的人。

正如已故管理大师德鲁克所说的，清理你的朋友就像清理你的衣柜一样，只有将不合适的衣服清出衣柜，才能将更多的新衣服放入衣柜。同理，只有不断地认识那些能够改变或帮助你的人，才能构建高质量的朋友资源库。

因此，你需要做的就是，定期清理和优化你的朋友圈。如果你对你的朋友关系不闻不问，那么你的人际关系就可能恶化、流失甚至变质。朋友圈子可以说就是一个大染缸，它可以把你染红，也可以把你染绿，它可以是一个良性的环境，也可以是一个恶性的沼池。建立一个良好的朋友圈，并定期清理和优化，在这样的朋友关系网络中成长，你一定会成长得无比健康；而如果你的朋友关系网络被污染了，恶习遍布，人人猜忌，互为祸害，那么你的一生就有可能为之所毁。

平时，不妨多想想：你和谁在一起的时间更多一点？跟谁在一起对你的成长更有利、更有帮助一点？你朋友圈中的这些成员对于你的人生和事业有什么样的作用？他们能够提供给你的信息是正面的还是负面的？你像现在这样同他们交往下去，一段时间以后，你是会有所进步，还是停滞不前或者干脆倒退呢？

这些问题的答案，就是你要采取措施的依据。具体而言，你可以参照以下几个思路来清理和优化你的朋友圈：

首先，多花点时间和精力与合适的人交往，把不适合自己的人从自己的朋友圈名单中剔除。那么，哪些人是合适的人呢？这取决于你的目标和任务，也要看他们的本质和文化素质。凡是能使你的前行向着有利的方法发展的，便是适合你的人，对于这些人你要花费心思使他们留在你的朋友圈中；同时多结交对你的发展有益的人，并努力保持和他们关系融洽。

其次，多结交那些比你更成功的人，与他们在一起你会受益匪浅。因为他们是成功者，来自他们的影响多是带领你靠近成功的，所以一定要善于与这类人交往，并与他们成为知己。要经常向他们请教，恳请成功的人帮助你制订成功的计划。

最后，认识关键和重要的人物。当然首先要开放你自己，从各种渠道入手，而不是仅仅局限于你经常接触的圈子，除非你本身已经是个很高端的人物。

如此一来，你的朋友网将健康发展，良性循环，在这些成功的思想和极具人生意义的行为规则指引下，你的各方面都会越来越成功。可以说，经营朋友是门大学问，并不是喊几句口号、发几次誓就可以实现的；经营朋友，要有比较高的思想道德品质、心理素质、知识素质、能力素质，甚至身体素质以及良好的沟通能力。

只有不断地认识那些能够改变或帮助你的人，才能构建高质量的朋友圈。

3.发挥你的女性魅力

林徽因之所以能掌握优质的关系网，构建高质量的朋友圈，不是因为她的言辞有多么犀利，也不是因为她有多么好的口才，而是她本身就具有非凡的魅力。

对于有机会能够亲身聆听林徽因"客厅宣言"的人，都会被其"知性、睿智和母性的温情"所折服，无论年老年少，都是那么地仰慕她，视她为至交、知音，甚至偶像。

费慰梅在回忆录中写道："其他老朋友会记得她是怎样滔滔不绝地垄断了整个谈话。她的健谈是人所共知的……她的谈话同她的著作一样充满了创造性。话题从诙谐的轶事到敏锐的分析，从明智的忠告到突发的愤怒，从发狂的热情到深刻的蔑视……她总是聚会的中心人物，当她侃侃而谈的时候，爱慕者总是为她那天马行空般的灵感中所迸发出的精辟警语而倾倒。"

这是那个时代中流砥柱们的思想交锋，在寻找认同感的过程中，林徽因扮演了绝对的主角，她几乎是整场谈话的"垄断者"。

参加过聚会的陈愉庆说："因为做过肾脏手术，她的身体非常虚弱。后人总说她是大美女，其实那时她已经瘦得吓人。但她总是目光如炬、神采奕奕，盯着你看的时候，有种非凡的魅力。"

陈愉庆说，在高谈阔论之后，他们经常会兴致勃勃地演戏。如果兴致来了，梁林夫妇与沙龙的朋友们，便会用英文对读莎士比亚或萧伯纳的台词，还会背诵济慈、勃朗宁、雪莱的诗句。

在"太太的客厅"里,林徽因一直是唯一的女主角,就连她的丈夫梁思成也只能扮演忠诚的聆听者的角色。梁思成因此打趣道:"你一讲起来,谁还能插得上嘴?"林徽因则回道:"你插不上嘴,就请为客人倒茶吧!"

魅力是什么?词典的标准解释为"很能吸引人的力量"。魅力是一种复合的美,是一种通过后天的努力与修炼达成的美,它不仅不会随年岁的改变而消失,相反,它会在岁月的打磨之中日臻香醇久远,散发出与生命同在的永恒气息。唯有魅力,而不是漂亮和美丽,是任何一个女人都可以争取和拥有的。

魅力是一种力量,获得和拥有它便有了感染力、影响力,甚至驱动和驾驭他人的力量,拥有了对生命及未来的掌控力。

"魅力"二字足够一个女人琢磨一辈子、学习一辈子、折腾一辈子,如果你真对"魅力"二字发生了兴趣,你将终生受益,魅力将放大你的生命力。

女人所表现出的那份自然和本色的魅力并不是与生俱来的,而是通过后天修炼得来的,一旦修炼到了仿佛天成的境界,自然就会魅力十足。

魅力女人是有风度的。风度之美,贵在自然。"清水出芙蓉,天然去雕饰"是中国传统的审美观点。自然的气息,使人感到舒适。持这种真诚的生活态度的人,敢于面对现实,敢于正视自己和正视别人,她们心胸坦荡,纯洁无瑕。

魅力女人是有品位的。有品位的女人待人真诚不虚伪;举止从容不轻薄;性情平和不浮躁。她们自尊自信,但不狂妄自大;温柔体贴,但不软弱屈从。

魅力女人会用心营造一个属于自己的平静的生活环境,拥有高雅的爱好和情趣,善于用眼睛发现身边的美,并用心去感受它。

拥有丰富内心世界的魅力女性,不会让无聊、平庸的事情破坏掉自己平静的生活,能在繁华浮躁的世界中,让自己的心归于平淡。当然,她也有喜怒哀乐、七情六欲,但是她的表达是自然的、适度的,有独立的思想和人格,决不会人云亦云、随波逐流。在喧嚣的人群中,她可能会用沉默来表示她不俗的内心。

魅力女人还是有责任感的。无论是在生活中,还是在工作中,她们都会尽心尽力"演"好每一个角色,好女儿、好妻子、好母亲、好职员。

总之,魅力是挑剔的,它只会为那些用心的女人而生;但魅力也是慷慨的,只要你尽心,它的光辉便无时无刻萦绕着你。

4.自发、预先地给予朋友帮助

你的朋友是否常对你说"帮我一次,可以吗?"倘若如此,请改变你的作风,不要老是让朋友开口求你,试着自发、预先地给予朋友帮助,也许效果会更好。俗话说:"多一个朋友,多一个后盾。"朋友靠的就是互助来维系,这一次你主动帮助了别人,下一次别人也会主动给予你帮助的。所以,不要吝啬你的主动和热情,朋友有难时,自发地给予一些帮助,比朋友开口求你时所得到的效果会更加明显。

沈从文有一段时间手头上很紧,林徽因有意接济他,但直接帮他又怕他不肯接受,就想出一个"曲线救国"的路子:故意让表弟向沈从文借书,在还书的时候往书里夹进一些钞票。林徽因的善解人意真是令人惊叹。

林洙在《梁思成、林徽因与我》一书中写道:"我那时除了从家里带来的几件首饰外,身无分文。为了安个小家,我准备卖掉一些首饰。那时林先生还健在,她知道了把我找去,问我有困难为什么不告诉她,我没话可说。接着她告诉我,营造学社有一笔专款是用来资助青年学生的,并说我可以用这笔钱。她看我涨红了脸,结结巴巴地说不出话,立刻说:'不要紧的,你可以先借用,以后再还。'并且不由分说地把存折给了我。"

林洙第二天到银行取钱的时候,发现那是梁思成的存折,她当时心里就有些疑惑,向林徽因问了存折的事情。林徽因笑着对她说,学社的钱当然用的是梁思成的名字,要的是让她免除心理上的顾虑,安心用钱。

"她还送了我一套清代官窑出产的青花瓷杯盘作为礼物,可惜当时我对这份礼物的价值毫无认识。一天,王逊先生看见我用这套茶具待客,吃惊地说:'喔!你就这么用它?'我却学着当时流行的口头语说:'它也要为人民服务。'王逊苦笑了一下,没有作声。我现在每想起这件事,眼前就出现王逊那苦笑的脸,林洙啊!林洙!你真是浅薄而无知。"林洙对林徽因给她的帮助自是感激涕零的,林徽因的善解人意由此也可见一斑,真的是用心良苦。

后来当林洙提起要归还那笔钱时,她发现林徽因总是很快把话题引向别处,甚至不给她发话的机会。而且她说话时别人是没有插嘴的余地的。后来,林洙好不容易找到一次机会告诉她再把钱存回银行时,她却说:"营造学社已不存在了,你还给谁呀?"言外之意,那钱是不用还了。林洙自是不同意,她刚要申辩,林徽因却以一个长辈的口吻很严肃地对她讲:"以后不要再提了。"

此事也只能作罢,直到后来,林洙才明白,那个时候营造学社正是因为缺少资金才停办的,而最后的那点经费,也都分给其他的社友了。所以林徽因说不用还了,她自己却承担了一切,不会让受助者感到一点的不好意思。还不仅仅是资金上的帮助,林徽因给林洙安排生活,帮她找学校念书,还教她英语,鼓励她发表意见。

由于梁林两家都是大家族,亲戚朋友自是不少。陈公蕙就是林徽因的一个亲戚,林徽因亲自给她做媒,把她介绍给钱端升。谁知他们在商议结婚时突然发生矛盾,陈公蕙负气离开北平,去了天津。林徽因又和梁思成开车一路到天津,找到了陈公蕙,令她和钱端升和好,从而成就了一段美好姻缘。

如果不是梁林的坚持和善解人意的付出,恐怕这俩人很难走到一起,所以钱端升才由衷地感叹:"要几辈子感谢林徽因。"

日常生活中,当朋友需要帮助,并且是急需的、合理合法的,我们应尽可能地伸出援助之手,而且这个帮助要在朋友没开口之前。即使暂时没有回报,也会有个舒畅的心情做补偿不是吗?如果你在朋友有难之时,总是袖手旁观,等待友人来求助,再思量是否要提供帮助。你的人脉必然是难以拓宽,难以坚实的。我们要把每一次帮人看作是一次拓展人脉的机会,机会是自己抓住的,而不是别人给的。

主动地帮助别人,其实也是一次自我提升。在帮助别人的过程中学习到自己尚未掌握的本领以及经验,未雨绸缪。可见,当你决定去主动帮助别人,你就已经收获到一份难得的人生经验和阅历了。再加上帮助朋友所得的情谊和人情,我们还有什么理由不去选择主动帮助朋友呢?

自发性地帮助别人是一种美德,这种美德会使你的人格更加仁厚、善良,也会使你愈发地受欢迎。当你把自发性地帮助朋友养成一种习惯后,朋友就会依赖你,并且把你当成知己和恩人。有一位哲人说过:"为了别人,请把你手中的蜡烛点燃,照亮别人的同时,最先被照亮的,肯定是你自己!"帮助别人就在帮助自己,给现在的自己一份"明悟",给未来的自己一份"礼物"。

5.女人的生活,离不开好朋友

女人是不能没有圈子的。林徽因的一个客厅承载了她的情感世界。而有些女人一旦嫁了人,就把姐妹们的小圈子关在了门外,心中似乎只有老公和孩子了,其实这是女人的悲哀。

人是社会性的动物,我们不可能把所有的喜怒哀乐全部系于男人身上,这样他累你也累,而且还可能会无事生非,丢弃了自己的朋友圈,最后也容易使自己落入生活的俗套中。

身为女人,一定要有几个死党,且不说经常聚会,但至少在我们情绪失控的时候,保证还有死党为我们端茶倒水擦眼泪,而不是失落时只剩下"孤家寡人"一个。

女人也少不了交际圈,通过这个圈子,我们可以充实自己、丰富自己,更重要的是可以保持我们思维的新鲜和观念的领先,让思想不会落伍。

让女人最放松、最舒适的减压方式,既不是健身操,也不是长途旅游,而是向同性密友开怀倾诉。

美国心理学家开瑞·米勒博士在一次调查报告中公布:87%的已婚女人和95%的单身女人说,她们认为同性朋友之间的情谊是生命中最快乐、最满足的部分,这种情感关系也是最深刻的,为她们带来一种无形的支持力,就像空气般可靠。西方心理学家也指出,拥有稳固的同性朋友是现代女性健康生活的最重要的方式之一。

30岁以后的女性进入生命历程的多事之秋,结婚、生育这些新的经历会带给她们许多从未有过的体会,当然,烦恼和困惑也随之而来,包括对同性的感觉也会发生变化。绝大多数女人会对同性产生信任和依赖的感情,因为这是一个与自己完全相同的群体,她们能够理解和体会你的所有悲喜,并给予你最贴心的关怀和帮助。排解烦恼、缓解压力的最常用方法就是找同性朋友倾诉。分担性大于分享性,可以说是女性友谊的最大特点。

米勒博士在调查报告中,鼓励女性把同性友谊列入到优先考虑的各项事情的首位。他说:亲密的关系,作为一种预防性措施,一种对于免疫系统的支持,能够降低疾病对你的威胁,无论是头疼脑热还是心脏疾病以及各种严重的身体失调等。也就是说,一个人要保持身体健康,不仅需要锻炼身体和正确的饮食,同时更需要加强对友谊的维护;由于女人和同性之间的沟通更开放、自然,并且能够给予对方同等的回馈,所以这种亲密关系,更容易在女人和女人之间产生。

对女人之间的友谊,很多人都抱着并不看好的态度,女人太敏感,太容易比较,让友谊之花变得异常脆弱。很多人觉得女人的友谊只是爱情没来的时候的替代品,一旦拥有爱情,友谊也就被抛到一边。但是现代社会,我们越来越发现友谊对女人的重要性。

在《欲望都市》里,我们看性格、经历不同的四个女人彼此关怀,无论她们在寻找爱情的路上经历何种风雨,身边的男人换了一个又一个,但是,她们四个人的友谊却一直持续着。即便到50岁时,她们中有人做了妈妈,有人做了新娘,有人依然单身,但这些都没有妨碍她们彼此爱对方,没有妨碍她们的友谊。

《绝望主妇》中,我们依然看到四个女人彼此鼓励,彼此分担,在家庭、生活遭遇巨大打击的时候,是友谊给予她们力量,让她们不孤单不迷惘。

不仅仅男人需要友谊,女人也一样。好的友情让我们更放松,也更能寻找到自我。

无论如何自强自立的女人,都害怕孤独。所以,她们需要友谊,喜欢交朋友。女人友谊最主要的用途,一是说二是听。女人由于天生的心理不足,就是要宣泄自己的情绪,要释放心中的快与不快,而最好的对象不是亲人而是朋友。找一个听众来配合自己,能互动当然就更好,"未成曲调先有情",对方还没说到高潮呢,听的人却哭个梨花带雨,或笑个前仰后合。分担了她的痛苦,或分享了她的快乐,那是多么好的"闺蜜"。

女人和女人交朋友,是心灵与精神的贴近,女人悲伤着朋友的悲伤,幸福着朋友的幸福,这是相濡以沫的感情。优秀、自信的女人为自己朋友的优秀而自豪,丝毫不会妒忌,因为她们是朋友,也因为女人的自信。女人不害怕朋友会超过自己,相反,那是动力、是榜样,它能激励女人共同起步,共同提高。

但很多女人一旦步入婚姻的殿堂,就疏于友谊维持,全心全力为家庭付出,眼里只有老公、孩子,让自己的视野和心房不断缩小。有一天,孩子长大了不再需要她了,丈夫忙碌顾不上家了,女人才感叹自己的孤独无助。想起曾经围绕在身边,分担自己心事的朋友,才发现,自己已经无意间用婚姻把自己隔绝起来。

女人需要朋友,即便在婚姻的琐碎中整日忙碌,也需要给自己放个假,出来跟朋友聚会一下,倾诉自己的情绪,发泄自己的不满,分享朋友的趣事,让友情滋润自己的心田,让友情驱赶自己心中的阴霾。提醒自己,自己还拥有很多,世界很宽广,不要把自己的心局限在小笼子里。

女人在友情中不仅获得安慰,还获得建议和勇气,那种被爱的感觉更会增添女人的自信,使女人更坚强、更能承受迎面而来的各种挑战。

6.好圈子带来好回报

"太太的客厅"已经成为一种精神的化身,昔日的客人们是那样有傲骨、有气节,他们用彼此之间的默契支撑起了一片希望。

1938年,林徽因和梁思成来到昆明,正好与张奚若夫妇为邻。不久,杨振声、沈从文、萧乾也结伴来到了昆明。他们相互间都住在很近的地方,加上金岳霖,"太太的客厅"似乎又可以"经营"了。

后来,朱自清等一群朋友到昆明后,也住在离他们不远的地方,于是很快又恢复了"太太的客厅"的热闹,他们隔几天便去林徽因家吃下午茶。同样地,他们谈论文学、战局等。由于林徽因的三弟林恒在昆明航校,也可以经常带一群同学到她家里玩,他还常常分享英雄故事给他们听,这些故事经萧乾之手,变成了一篇在当时文坛颇有反响的《刘粹刚之死》。

然而意外无处不在,林徽因遇到了前所未有的困难。她写道:"现在我们已经完全破产,感到比任何时候都惨。米价已涨到一百块钱一袋,我们来的时候是三块四。其他所有的东西涨幅差不多一样。今年我们做的事没有一件是轻松的……思成到四川去已经五个月了。我一直病得很厉害,到现在还没有好。"

内外交困,似乎已经把她逼入绝境,但费慰梅从美国寄来的支票帮了她的大忙,使她脱离了"可笑的窘境"。对于林徽因夫妻,费正清说:"中国对我们产生了巨大的影响,而梁氏夫妇在我们旅居中国的经历中起着重要作用。"

在北平时,费慰梅总是在天黑前到梁家,和林徽因品茶聊天,而林徽因更是把她当作至交,向她敞开心扉。在林徽因情绪低落的时候,费氏夫妇便拉上她到郊外去骑马散心。

这就是在林徽因客厅里做过客的朋友们,他们能够在她最需要的时候出现,这是一种极难得的情谊,而朋友已然是林徽因生活中的重要组成部分,当然她也用自己的努力和付出支撑起了一个文化圈子,那是属于她的世界,也是属于她所有朋友的世界。

在你人生最艰难的时候,有人站起来帮你,这或许是衡量圈子价值的一个重要标准。

7.异性友谊的最高境界

很多人质疑异性友谊,因为它难以把握,难以捉摸,可遇不可求。异性友谊的最高境界是:站在不远不近的地方去欣赏对方。

其实男女之间的友谊是人的一种高尚的感情,是介乎于爱情和友情之间的一种情感。这种感情本身不是爱人,不是情人,但又超出一般朋友。这种感情是不言爱,更不言性,但会令你心动,却又不会动情;让你温暖,但不会有激情,纯净中有甜美,平淡中有绵长。

这种感情在于心的了解,精神的交融,两人的心贴得"很近",身体却离得"很远",这是一种精神层次的"柏拉图",只有理性的人才能做出,只有理智人才能得到。

绝代佳人林徽因与她的三个男人,不须虚构,不须流言,已经是世间绝版的佳话。金岳霖为梁、林二人写的对联"梁上君子,林下美人"是多么的绝妙;林徽因去世后,他为其写下的挽联"一身诗意千寻瀑,万古人间四月天"又是那么令人神伤。林、梁二人去世后,他们的儿子仍然和金岳霖住在一个屋檐下,并称其为"金爸"。

金岳霖曾经说过:"爱与喜欢是两种不同的感情或感觉。这两者经常是统一的……爱说的是父母、夫妇、姐妹、兄弟之间比较自然的感情,他们彼此之间也许很喜欢。果然如此的话,那他们既是亲戚又是朋友。我和我的二哥与六哥就是这样。喜欢说的是朋友之间的喜悦,它是朋友间的感情。我的生活差不多完全是朋友之间的生活……"

金岳霖的爱情尽管没能修成"正果",但是他得到了梁氏夫妇珍贵的情谊。如果说爱情对于金老只是一种精神寄托,那友情则成了他的感情之根,使之顺理通达,怡情养性。这才是所谓异性友谊的最高境界。他们那一代的知识分子的感情不是爱情泛滥的现代人所能拥有和理解的——两个人在一起时,有着精神上的默契,有着心灵上的统一,他们可以谈爱情、谈婚姻、谈未来,可以无所顾忌地谈人生所有的问题,心有灵犀,心意相通,相知相惜,互相扶持,互相敬重。随意但庄重,亲密但理性,相知而无私。

拥有这种感情的两个人,不会当自己是异性,他们可以紧紧地握手,也可能会结结实实地拥抱,但那与性无关,是友爱,是欣赏,是思无邪,而绝不是欲望,不是占有。

他们会一起欣赏尼采,会一起探讨拜伦,但绝不是互送一朵小花。他们可以一起去郊游,可以一起去喝酒,到了车站,说声拜拜,各走各的路,不用相约,不用相守。

同样的故事,在其他人身上也得以印证。

奥黛丽·赫本和被誉为"世界绅士"的格里高利·派克在《罗马假日》中相识,那是一次经典而隽永的合作,但两人终而未能成为眷属。后来,派克将自己的好朋友介绍给她,他送给他们的结婚礼物是一枚蝴蝶胸针。她去世后,他来看她最后一眼,并且在自己87岁高龄的时候,在慈善义卖活动中,拄着拐杖,颤颤巍巍地买回了当年他送出的蝴蝶胸针,将它带在自己的胸膛,陪伴他离世升入天国。

这种纯洁友情超越了爱情,永远让世界为之唏嘘动容。

　　柴可夫斯基和梅克夫人是一对相互爱慕而又从来没有见过面的朋友。梅克夫人是位酷爱音乐、儿女成群的富孀,她在柴可夫斯基最孤独、最失落的时候,不仅给予他经济上的援助,也给了他极大的鼓励和安慰,激励柴可夫斯基在音乐殿堂一步步走向顶峰。柴可夫斯基最著名的《第四交响曲》和《悲怆交响曲》都是为这位夫人而作。

　　二人从未见过面的原因并非因为相距遥远,相反他们居住地最近时仅隔一片草地,之所以不见面,是害怕心中那种朦胧的美和爱,在见面后被某种太现实、太物质的东西所替代。他们一生中最亲密的一次接触,只不过是两驾马车相遇时,彼此深情凝视的几秒钟。

　　正是这样的距离产生了美,创造了美,使他们把爱恋的强烈欲念转化为精神上的欣赏,升华为完美崇高的人性,超凡脱俗使他们的交往成为亘古永恒。但他们两人仅仅是友谊吗?那互相爱慕的种子早已经在各自心里生根发芽,只是,他们用理智克制,只让它成为精神上永远的相依。

8.时刻检测异性友谊是否纯正

我们每个人都希望自己有一个异性的朋友,有一个除了配偶以外的知心朋友,男人的异性朋友叫做"红颜知己",女人的异性朋友叫"蓝颜知己",每个人有着自己的知己当然是一种理想化的并伴有浪漫色彩的事情。

在现实中,有相当一部分人做到了,而且在和自己的配偶之间行走得游刃有余、张弛有度,这之间的技巧是相当重要的,一旦处理不善就会影响婚姻的稳定,会给你的配偶造成误解,这是我们要注意的现实影响。

林徽因和梁思成的结合在当时可以说是新旧相兼、郎才女貌、门第相当。他们在婚前既笃于西方式的爱情生活,又是遵从父母之命所结的秦晋之好。又因林长民是段祺瑞内阁中的司法总长,梁启超作过熊希龄内阁的司法总长、段祺瑞内阁的财政总长,所以说是门当户对。总之,是几乎可以媲美李清照、赵明诚的最令人艳美的美满婚姻。《林徽因传》里则有一个非常贴切的比喻:"如果用梁思成和林徽因终生痴迷的古建筑来比喻他俩的组合,那么,梁思成就是坚实的基础和梁柱,是宏大的结构和支撑;而林徽因则是那灵动的飞檐,精致的雕刻,镂空的门窗和美丽的阑额。他们一个厚重坚实,一个轻盈灵动。他们的组合无可替代。"

除了梁思成的爱情、朋友们的友谊,林徽因还拥有来自"老金"(金岳霖)的真诚情意。当梁林夫妇住在北总布胡同的时候,金岳霖就住在后院,但另有旁门出入,平时走动得很勤快,就像一家人。

何谓红颜知己(蓝颜知己)? 按照通行的解释就是:比朋友的情谊多,比情人的情意少。这就是一个尴尬的知己,我们不能不承认,这种介于两者之间的友情,是向情人这边倾斜的,问题的关键是两人有着一时的控制力,这仅仅是一时的,和你的一生相比,这种控制力就只能是短暂的控制过程,因为在彼此的心里对对方有着相当的好感,就是有着爱的情愫,这当中有相当敬佩对方的东西在作祟,把彼此视为知己, 往往有些不好言说的东西就是不对自己的配偶说(或者是自己的配偶没有能力理解自己的想法和做法),而愿意对自己的知己倾诉,这就是一种信任。但是,在这信任里头已是掺杂着说不明道不清的情愫(是双方不愿挑明或是还没有挑明),这是一种危险的知己。

红颜知己(蓝颜知己)与情人之间到底隔着的是一种什么样的状态,即这之间距离是多少?

当然,这里不是零距离,但也一定不是鸿沟。如果说有距离的话那也就是仅仅在于两人之间没有肌肤相亲,这种关系之间的距离算是鸿沟吗?

不要以为男人与女人之间这道鸿沟不易迈过,在一对互不相知或者是相识(仅仅是相识)的男女之间这道鸿沟也许永远是鸿沟,但是,在这种红颜知己(蓝颜知己)之间随时都会冲破,因为这之间的距离仅仅是一层纸,有一点风吹草动这层纸就会千疮百孔。

如果你和你的红颜知己(蓝颜知己)来往过多,极易让自己的配偶产生误会,这种误会是致命的,配偶内心的涟漪就会在心田里扩散,让配偶纠结于心,尤其是男人,这是对男人心灵和天性的挑战,其后果我们可以想象到,不是争吵就是家庭危机。

在北京时,老金始终住在林徽因家屋后,抗战爆发后,他们辗转南迁,从昆明到川西小镇李庄这一段路,老金一直在他们左右。

在李庄的那段日子,困苦里却也不乏乐趣,林徽因写给费慰梅的信里,生动地描述了"他们仨"在一起的情景:"思成是个慢性子,愿意一次只做一件事,最不善处理杂七杂八的家务。但杂七杂八的事却像纽约中央车站任何时候都会到达的各线火车一样冲他驶来。我也许仍是站长,但他却是车站!我也许会被碾死,他却永远不会。老金(正在这里休假)是那样一种过客,他或是来送客,或是来接人,对交通略有干扰,却总能使车站显得更有趣,使站长更高兴些。"

这种描述已经足够风趣,而金岳霖的附言更是锦上添花:"当着站长和正在打字的车站,旅客除了眼看一列列火车通过外,竟茫然不知所云,也不知所措。我曾不知多少次经过纽约中央车站,却从未见过那站长。而在这里却实实在在既见到了车站又见到了站长。要不然我可能会把它们两个搞混。"

婚姻的排他性就决定了彼此不希望看到对方有一个关系过从甚密的异性朋友。在经历了一个不算太长的纠结痛苦期之后,他们三人,最终顺利地将那感情,转化成三个人的伟大友谊。

很多男女间的交往大抵是求之不得便一拍两散。友谊则不然,即使你不是我的,不是这样美丽动人,甚至于,你不是异性是同性,你对于我,依旧是有价值、有吸引力的,值得我仰慕,如此,才可能产生友谊。

而林徽因,就是一个值得拥有友谊的女人。

因此,我们要时刻检测异性友谊是否纯正——

忠诚于自己的配偶——异性朋友在忠于异性友谊的同时,是否忠于自己的配偶?是否向对方的配偶也提供了同样的友谊?

远离"性"——异性友谊的美好,第一标志就是对"性"本身的远离。而异性友谊的建立,往往源于共同的事业与职业,共同的志向与兴趣,共同的见解与理解。

志趣相投——异性友谊的空间是大空间,异性友谊的志趣是大志趣。创造并强化这样的友谊,使之提高品位,彼此会更加默契。

延伸阅读:

异性友谊是一种美好的境界,对于单身者来说,升温为爱情这是件好事,对于已经有了恋人或者已经结婚的人来说,一定要注意保持其"恒温",否则会引起诸多的麻烦,还要受到道德和良心的谴责。

因此要想保持好与异性的友谊必须做到:

1.不要自做多情

与异性朋友交往时,不要自作多情,不要把异性朋友的赞美与帮助当成对自己的爱意,把其当作对自己的肯定与关心就够了。自作多情常常伤人伤己,封闭了自己与异性友谊之门。

比如,一位男工程师与实验室一位姑娘本来相处得很融洽,姑娘经常主动、热情地帮助工程师做事,但男工程师是有妇之夫,不能接受她的爱,希望她早日找到更好的伴侣。冤屈、羞愧之下,姑娘离开了实验室。男工程师的自作多情伤害了姑娘,更使自己陷入可笑的境地,亵渎了纯真的友谊。

2.不要过分依恋异性朋友

异性朋友不宜过分的依恋。比如有些女孩子往往过分依恋男性朋友,遇到一点困难就找朋友帮忙,有一点小委屈跑到朋友那里倾诉。从心理学上,这是一种时刻寻求安全感的童稚心理。

小的时候过分依赖父母,把安全感寄托在父母身上;长大后,又把这种安全感寄托到恋人或朋友们身上。在这种心理之下,异性朋友很容易升温为爱情,更容易使友谊蒙上阴影。过分依恋的人有独占异性朋友的欲望,不希望对方有其他亲密的朋友。

比如,一位性格开朗、喜欢结交朋友的男士正陷入苦恼之中。他和一位女同事是好朋友,但这个女同事内向深沉,对他过于依恋,以致其他同事产生误会。她反对他结交其他女性朋友,一旦看见他与其他女性谈笑,就要和他过不去。他们各有家室,他并不想搞什么婚外恋,于是不得不考虑和这位女同事断绝友谊。

3.保持心理距离

关系再好的异性朋友,也应该保留各自的隐私。保持心理距离并不会疏远朋友,相反会加深友谊,正是因为有一定的心理距离,才具有神秘感,才会使友谊更具有亲和力。

和异性朋友的爱人建立友谊关系是保持心理距离的好方法,这样会时刻提醒双方不要忘记各自恋人的存在。

4.不宜隐瞒,应该坦诚相待

与异性交往,最好让自己的爱人知道,既是正当的朋友,就不应该隐瞒。如果你的异性朋友与你的爱人不相识,应该主动介绍他们认识,如果需要单独交往,最好也要事先告诉你的爱人,否则可能引起误会,影响双方感情。

5.不应过分随便

男女间交往过分拘谨固然令人生厌,但也不可过分随便,诸如嬉笑打闹,你推我拉之类的举止应力求避免。

须知男女毕竟有别,有些话题只能在同性之间交谈,有些玩笑不宜在异性面前乱开,此外男女交往时要注意自尊自爱,言谈举止要做到庄重文雅。

6.不宜冷淡

异性交往时,理智行事是必要的,但不应该过分冷淡。因为这样会伤害对方的自尊心,也会使人觉得你高傲自大,孤芳自赏,不可接近。

7.应该热情大方

在与异性朋友交往中,要注意消除异性间的不自然感,在心理上,应该像对待同性朋友那样去与异性朋友交往,不应有任何娇揉造作和扭捏作态,那样反而会使人生厌。

和异性交往,已婚男女应该是有区别的,这种交往是纯正的友谊而不包括丝毫择偶因素,此时的异性友谊,应少些少男少女的腼腆羞涩,而应热情大方。

8.不要有非分之想,要洁身自好

不要虚荣轻佻,借异性友谊之名玩弄他人的情感。不要见异思迁,把握不住自己的感情,经不起新感情的诱惑,轻率地背叛自己的爱情。

9.勇敢说“不”

当发觉异性朋友想超越友谊时,要勇于说“不”。不要为了保持友谊而迁就对方的过分要求。如果朋友因为你的拒绝而远离你,不必伤心,本来心有他图的朋友不要又何妨?

但是注意说“不”的方式,要动之以情、晓之以理,尽量避免伤害对方。已婚的人可以通过提及自己的亲密夫妻感情而从侧面拒绝异性朋友的过分要求。

第 四 章

用感性感悟幸福，
用理智诠释生活

你是一树一树的花开，是燕在梁间呢喃，——你是
爱，是暖，是希望，你是人间的四月天。

——摘自林徽因《你是人间的四月天》

1.婚姻是爱情的圆满收场

我承诺,我将毫无保留地爱你、以你为荣、尊敬你,尽我所能供应你的需要,在危难时保护你,在忧伤时安慰你,与你在身心上共同成长,我承诺将对你永远忠实,疼惜你,直到永远……

结婚誓词传递的是一个即将走入婚姻的女性对婚姻最初的认识,而当女人真正决心脱掉恋爱那层浪漫的外衣,勇敢地踏上红地毯,过着日复一日柴米油盐的琐碎生活时,那句"婚姻是爱情的坟墓"的经典语句也就开始在脑中回荡。难道婚姻真的是爱情的坟墓?很多人爱情走到最甜蜜时就会步入婚姻,可以说婚姻是爱情的圆满收场,是爱情的延续,是双方甜蜜生活的开始。那么婚姻又怎么会是爱情的坟墓呢?如果说是,也只是一些人不善经营婚姻,为逃避别人的斥责而找的借口。

林徽因虽像居里夫人一样,对事业有着强烈的专注力,不喜欢别人拿家务活来浪费她有限的时间,但这不代表她不会打理家务,事实上她做起家务来也是有条有理的。

林徽因在梁家是长嫂,在娘家又是大姐,住在北平的她,家里难免有亲戚来走动,如何安排好客人的吃喝住行,如何协调好家族成员之间的关系与处理好各种琐事,并不是容易的事情,没两把刷子恐怕是拿不下来的。

据说林徽因曾经画过一张床铺图,共安排了17张床铺,而且每张床铺供谁来睡都有明确的安排。于百忙之中,能够做到如此细致,一般女子怕是做不来的。林徽因的小女人角色做得真是无可挑剔。

一个梁家的亲戚说，林徽因在和梁思成一起工作的时候，从来只是画出草图就歇了，每次都是梁思成费尽心思地将草图加工完善成滴水不漏的成品。而每当梁思成完工时，林徽因就冒出来了，此时她会扮演一个顽皮的小女人形象，甚至用一些好吃的东西来讨梁思成的喜欢。

善于经营婚姻的女人，会把婚后琐碎的生活经营得如爱情般甜蜜和谐，甚至有过之而无不及，婚姻对她们而言就像天堂般美好；而那些不懂得经营婚姻的人总抱怨婚姻是爱情的坟墓，她们眼睁睁地看着爱情在婚姻中慢慢走向平淡，以往的甜蜜都成过眼烟云，然后一个人暗自神伤。

所以"婚姻是爱情的坟墓"只是一些人不善经营婚姻的借口，要想在婚姻中美满幸福，就不要有"婚姻是爱情的坟墓"的想法。

婉宁和男友相识后，经过四年甜蜜的恋爱，两人步入了婚姻的殿堂。婉宁之前一直帮父母做生意，婚后在父母的资助下自己做起了生意，后来因为店铺人手不够，婉宁就让老公把公公婆婆接到城里来帮忙。

为了方便，婉宁给二老在店面附近租了间房子。公公婆婆对婉宁也很好，婉宁想象着要一个孩子，跟自己心爱的人组建一个小家庭，一定会充满温馨和快乐。

但当婉宁真的有了宝宝时，她的想法却彻底地转变了。在公婆伺候她坐月子时，一大家人住到了一起，才发现家庭和美的表面下潜藏着很多矛盾，原来公婆一直对这个有钱、有貌、有能力的儿媳不满，他们看不惯这个不做家务活、花钱大手大脚、让自己的儿子干家务活的儿媳。

婉宁和公婆之间开始有了隔阂，于是婉宁开始经常向老公抱怨婆婆对自己苛刻，公公如何表里不一，而公婆也觉得儿子在媳妇面前低声下气让他们颜面尽失。最终夹在中间的老公因难以调和妻子和父母之间的矛盾而变得沉默。渐渐地，夫妻之间也很少沟通，两人的关系也变得紧张。这种沉默的和谐似乎像是预示暴风雨到来之前的宁静，婉宁不知道他们这种压抑的生活什么时候会崩溃。这样的家庭生活和她穿上婚纱时想象的婚姻大相径庭，现在她甚至怀疑自己这段婚姻的意义，如果没有结婚或许他们之间的爱情还在，难道婚姻真的是爱情的坟墓？

婚姻的基础根植于爱情，这也是维系婚姻最根本的主旨。那些如婉宁一样高呼"婚姻是爱情的坟墓"的女人，内心深处已经曲解了婚姻最初的宗旨。因此她们抱怨操劳的生活把她们变成了"黄脸婆"，抱怨婆婆的古板和不近人情，抱怨丈夫不能给自己更优越的生活，等等。

我们应该认识到爱情是婚姻的基础，双方因为爱情结合，但婚姻又远远超过爱情，因为婚姻意味着双方都要理智面对很多现实的问题。婚姻不似爱情那么简单，但是婚姻中也蕴含着信任，蕴含着牵挂，蕴含着温情。婚姻本来就是建立在彼此相爱的基础之上，我们只要在婚姻中扮演好妻子的角色，其实婚姻也并没有想象中那么可怕，我们依旧可以感受到恋爱中的甜蜜与激情。

婚姻虽不是坟墓，但要想婚姻成为天堂，我们也需要付出努力。

◎拿出自己的真诚

我们应该理智地认识到自己对丈夫的爱情，拿出心中的真诚，来换取对方的真诚。在生活中互相多一些理解与信任，多一些欣赏与吸引，这样的婚姻不但不会成为坟墓，或许还可以成为天堂。

◎在日常生活中注入爱的点滴

要想婚姻成为天堂，就在日常生活中注入相爱的痕迹。在平淡的生活里用心去体会丈夫的深情，体会家的温暖，那么你依旧可以在操劳的生活里感受家的温馨，在难以处好的婆媳关系中发现乐趣，在平凡的婚姻中找到天堂的美好。

只要有爱，婚姻就不是坟墓；只要用真诚与理解打造婚姻，婚姻就可以是爱情的天堂；只要夫妻两人在婚姻的殿堂里牵手走过这一路艰辛，踏过这一路荆棘，相信就可以创造属于婚姻的天堂。

2.要感情,更要幸福的生活

女人得弄明白,生命里哪些东西是真实的,哪些东西是虚幻的,感情和生活本身就不是同一个概念。

林徽因曾这样劝徐志摩:"徐兄,我不是您的另一半灵魂。我们是太一致了,就不能相互补充。我们只能平行,不可能相交。我们只能有友谊,不能有爱情。"林徽因是对的,生活在一起的两个人,是需要互补的,任何脱离生活的感情都只是乌托邦式的一厢情愿。

林徽因回国前曾经给徐志摩留下一封信,她在信中写道:"我走了,带着记忆如锦金,里面藏着我们的情,我们的谊,已经说出和还没有说出的所有的话走了……上次您和幼仪去德国,我、爸爸、西滢兄在送别你们时,火车启动的那一瞬间,您和幼仪把头伸出窗外,在您的面孔旁边,她张着一双哀怨、绝望、祈求和嫉意的眼睛定定地望着我。我颤抖了。那目光直进我心灵的底蕴,那里藏着我的无人知晓的秘密。她全看见了。其实,在您陪着她来向我们辞行时,听说她要单身离你去德国,我就明白你们两人的关系起了变故。起因是什么我不明白,但不会和我无关。"

追求感情本没有错,但徐志摩做得确实有些过火了,他没给妻子张幼仪留下生活的空间,同样也没给林徽因留下空间,别人都无法承受他的感情之重。或许,这位大诗人把感情简单地等同于生活了。

据说,徐志摩的父亲非常不赞同他与张离婚,甚至不惜以断绝父子关系来阻止他,但诗人没顾及那么多,他依然做了他想做的事情,只是他没有得到自己想要的结果。

其实生活也无非是柴米油盐酱醋茶，平平淡淡地过小日子，有个可以依靠的安全港湾，是很多女人的追求。徐志摩有才，是个大诗人，但林徽因不可能同他一起靠啃诗句过日子，也不大可能在持续不断的诗歌高潮中度过每一天的生活，生活毕竟是生活。

感情是必要的，但感情本身当不了饭吃，获得感情是必需的，但因感情而获得幸福的生活才是最重要的。林徽因同我们一样，都只是凡尘中人，生活在凡尘中就要遵循感情不等于生活的逻辑。

看看一对情侣的对话。

有一天，女人问男人："你说，爱的最高境界是什么？"

男人想了想，说："是生与死。你想啊，一个人可以为另一个人去死，舍去生命中最重要的一切，还不是爱的最高境界吗？"

女人点了点头，又摇了摇头。

开始时她也是这么认为的，因为许多的爱情最壮烈的时候总是会和生死联系在一起的，那些流传千古的爱情无一不是生生死死，总之悲情者居多。可是，更多的俗世爱情却只有平常的爱与恨，悲伤与快乐。

"那你说是什么？"男人问。

女人笑了："是习惯，当你习惯了一个人生活中的习惯，你就真的爱上他了。"

爱情是一个人对另一个人习惯的认同，爱到最高境界就是认同了他的习惯。

一个女人习惯了一个男人的鼾声，从不适应到习惯再到没有他的鼾声就睡不着觉，这就是爱；

一个男人习惯了一个女人的任性、撒娇,甚至无理取闹、无事生非,这就是爱;

一个人会为了另一个人去改变、去迁就,这就是爱。

爱情的哲学有时候就是这么简单,就在生活的点滴里。柏杨先生在多年前的《谈男女情爱》一书中提到,夫妻之义,是一粥一饭之间形成的牢不可破的关系,无微不至的行动关怀有时候比甜言蜜语更能够渗透进对方的心田,偶尔的"蜜糖"很好,但长期下来终究不敌床头伸手可触的水杯和进门后摆好的拖鞋。

一碗粥、一杯开水,就是生活,生活是一种真实的状态,生活中可以有轰轰烈烈,但一直轰轰烈烈的绝对不是生活。生活中有责任,有亲情,有友情,生活中不可以没感情,但感情不是生活的全部。如果离开对双方来说是一种解脱,那么就不要再作茧自缚,放手之后,选择平平凡凡的生活,也是不错的。

我们需要明白,虽然感情往往会被一些生活琐事所消磨,但生活恰恰就建立在这些琐事之上。我们深陷爱河时,总以为感情就是生活的全部,但事实上,感情只是生活的开始。如果说感情是一项长跑,那么生活就是跑道。我们需要调节好自己的心理,要明白感情不是生活的全部。

女人大都有一颗脆弱的心灵,这颗心灵不允许我们犯错误,我们的生活是很现实的,因为我们必须生活在这个社会里,所以就要遵从这个社会的规则。感情经常发生在不该发生的时间和地点,让我们应对不及,有时候,这样的感情很热烈,像一团火焰,随时都可能将我们燃烧。越是这样,我们越是需要明白,感情之外,还有生活。

我们都不是童话里的不食人间烟火的公主,必须适度地学会和浪漫妥协,要知道,平淡的生活才是感情的最终归宿。

3.在丈夫面前记得做个弱者

女性应该保持自己特有的天性,在丈夫面前做个弱者,让他保护你,而不是用你的气势压倒他,那样你拥有的将比女强人更多。因为,就形象而言,柔美的女性非常容易被大众接受和喜爱;就性格特征而言,虽然人各不同,但是温和、体贴、善解人意恐怕是最能赢得他人尊敬与喜爱的女性品质。

当然,妻子要做丈夫面前的弱者,不是要妻子卑躬屈膝,在丈夫面前唯唯诺诺,像个奴隶一样言听计从。而是指妻子应具有较为细腻的感情,体贴细心、文静妩媚,而不是柔弱,不是依附于人。

林徽因的内心是强大的。一个出身于江南的女子,一生中相当长的时间都在与病魔做斗争,单薄而瘦弱的身体,支撑着一个强大而不强势的灵魂。不管身边是什么样的男人,她从不去依附,坚持做独立的自己。

她赢得了朋友们的爱和尊重,甚至一辈子都没改变过对她的初衷。

一个因美丽博学而成为焦点的女子,被男人们围着,她首先是强大的,但生活在光环之中,总免不了会有些自恋,强势一点儿似乎在所难免。但若真的强势起来,仗着名门出身和沙龙漂亮女主人的身份说事儿,恐怕会吓跑很多人,那样就少了她原有的娇人与艳丽。林徽因在强与弱之间,守护住了一个极难得的平衡。

在林徽因的一生中,她总是有做不完的事,外出考察、写考察报告、教学、写作、和沙龙中的朋友以及学界同仁交流等，她似乎超越了一个女人的普通职责，忽略了家庭的义务，成了一个强势的女子。

林徽因曾这样表述自己内心的矛盾："每当我做些家务活儿时，我总觉得太可惜了，觉得我是在冷落了一些素昧平生但更有意思、更为重要的人们。于是，我赶快干完手边的活儿，以便去同他们'谈心'。倘若家务活儿老干不完，并且一桩桩地不断添新的，我就会烦躁起来。所以我一向搞不好家务，因为我的心总有一半在旁处，并且一路上在咒诅我干着的活儿（然而我又很喜欢干这种家务，有时还干得格外出色）。

"反之，每当我在认真写着点什么或从事这一类工作时，同时意识到我怠慢了家务，我就一点也不感到不安。老实说，我倒挺快活，觉得我很明智，觉得我是在做着一件更有意义的事。只有当孩子们生了病或减轻了体重时，我才难过起来。有时午夜扪心自问，又觉得对他们不公道。"

聪明的女人懂得，如何在他人面前做强人，在丈夫面前做弱者。她们时刻不忘自己的身份：女人+妻子！这样她不仅是事业上的佼佼者、女强人，而且也是丈夫面前的好妻子。

在丈夫面前做个弱者，是让丈夫疼你的潜在语言，如果你强得谁都不需要了，那只能是自找苦吃。许多时候，丈夫会因为帮助了妻子，而使他更清楚地认识到自己的价值，另外，妻子在丈夫面前做个弱者，也给丈夫提升自信提供了一个平台。丈夫在认识到自己的价值之后，就会更加激起他潜在的热情。反之，若做妻子的强得超过了丈夫，丈夫被损得一文不值，那丈夫还有什么颜面可谈？丈夫没了"面子"，作为妻子又何来"里子"？

听过这样一个故事。

英国的维多利亚女王有一次与丈夫吵了架，丈夫独自回到卧室，闭门不出。女王回到卧室时，只好敲门。

丈夫在里边问："谁？"

维多利亚傲然回答："女王。"

没想到里边既不开门，又无声息。

她只好再次敲门。

里边又问："谁？"

"维多利亚。"女王回答。

里边还是没有动静，女王只得再次敲门。

里边又问："谁？"

女王柔声回答："是你的妻子。"

这一次门开了。

女王有至高无上的权力与荣誉，但更有一份超出常人的修养。她知道该怎样维护丈夫的尊严和笼络男人的心，她虽然是万人之上，但却能在丈夫面前甘做弱者，因为她清楚自己在婚姻与家庭中的角色。

要想成为维多利亚女王这样的女强人、好妻子其实并不难，只要你让丈夫感到他在家庭、在你的心里是多么重要，而且不可或缺，这样你的"弱"就是出色的！

有一对夫妇，妻子是公司的董事长，丈夫只是公司的普通员工。但这个妻子，每每遇到问题时，总是找她的"老头子"。

"老头子，你看看机器为什么这样了？"

"老头子，你看是哪儿出毛病了？"

"老头子,你说这样作决定行吗？"

……

就连秘书给她写好的演讲稿,她都要给她的"老头子"看看行不行。

每每在丈夫解决完问题时她都要赞扬丈夫一番。有时遇到丈夫解决不了的问题,他们就会一起研究,然后再找别人帮忙。

不了解真相的人会在背后怀疑她的能力,怀疑她是怎么当上董事长的,大多数人都会认为她什么都不懂。

可有一天,当她的丈夫外出时,她就开始崭露头角了。似乎没有什么是她不会的,她指挥几千名员工的工作,是那样的干练、果断,与以前的她判若两人。

这时人们才明白,其实她什么都懂、都会,只是她在丈夫面前,显得柔弱,而不是真正的柔弱。

这个妻子的"弱",是展现在丈夫面前的,她是成功的,她在丈夫面前是弱者,这不仅满足了丈夫的保护欲,使丈夫更加怜惜她,而且自己也会出尽风头。这样婚姻中两个人的地位也会和谐、平稳。

相关链接：

作为想要有所建树的职业女性，我们既要在职场上做个强者，又要在丈夫面前做个弱者,那么,怎么才能做到两者之间完美的转换呢？

以下几方面需要注意：

1.从外表形象的设计方面,要采取一种柔中透着不卑不亢的原则。既要在外显示出自己精明干练的素质和能力,又要在丈夫面前表现得非常通情达理、庄重淑婉。所以衣着不要模仿男性的粗犷和豪爽，有一点儿潇洒足矣，但不要太过。

2.在待人处世方面，切不可以男性过分的果断为榜样，做事不计后果，尤其是在丈夫面前，以及在处理家庭中的事情时，要给丈夫一些机会，不要失去妻子的本色。如果失去了作为女人的天性，也就失去了大部分的你，那样你将很难得到他人的认同。

3.懂得及时转变自己的身份。上班的时候当个"女强人"，和男人一样雷厉风行地工作；下班后则变得小鸟依人，在家里甘居下风。

4.适时表现出自己的软弱。如果你表里一致的强，像只"母夜叉"一样的强，丈夫绝对怕死了你，谁愿意与一只"母夜叉"相处，一有机会，他就会溜走。

5.不要总是以自己为中心。一个家庭中，两个成员都不可或缺。既然婚姻是两个人的舞蹈，那么再忙也要每天坚持跳上一段。

4.爱自己是万爱之源

　　女人总是要先爱自己、肯定自己,然后再把自己对别人的爱付诸行动。很多行为是以爱为名,实际上是一个人的占有欲和支配欲在作祟。爱不是在别人身上实现自己的梦想,也不是借助别人之手来满足个人的欲望,爱是肯定自己、尊重自己、祝福自己,让自己的自由、快乐、幸福最大限度地实现。自己过得好了,才会珍惜这份自由,才能懂得如何去爱别人。所以,爱别人,要从爱自己开始。

　　林徽因虽然16岁时就吸引了徐志摩,她也拒绝了徐志摩,但却与其保持了良好的关系。后来她也同金岳霖擦出了一些感情火花,但她不但获得了丈夫的"谅解",又使得这位大哲学家能够活在自己的精神爱恋中并且不舍不弃。

　　林徽因能够很沮丧地告诉从外地刚回来的梁思成:"我苦恼极了,因为我同时爱上两个人,不知道怎么办才好。"梁思成经过一夜的思想斗争,告诉她:"你是自由的,如果你选择了金岳霖,我祝你们永远幸福。"而林徽因却并没有离开他,她说:"你给了我生命中不能承受之重,我将用我一生来偿还!"

　　一个思维缜密的女子,会天真无邪地把自己爱上别的男人的痛苦毫无保留地告诉给自己的丈夫吗?或许她是痛苦的,她也不想让这份痛苦折磨自己太久,于是把它"分享"给自己的丈夫。或许,她只是渴望浪漫,渴望浪漫的事多少发生在她身上一些,不希望平淡的生活将她的热情消磨殆尽。亦或许,她太了解自己的丈夫,她撒娇般地倾诉自己的心声,反而更能获得丈夫的体谅与信任。

事实上,面对两个优秀的男人,林徽因真的无从选择吗?她是个"爱我现在的家在一切之上"的人,以她的智慧,她不可能解决不了感情的选择问题,只是她讲出来之后,就取得了与金岳霖以朋友的身份光明正大相处的"豁免权",再也不会为感情而纠结,可能这也是使她与梁思成、金岳霖"和平共处"几十年的一个原因。

很多人都说,林徽因是一个情感自私的女子,从爱情到婚姻,她顾念更多的是自己,别人都很少能进入到她的思维领域,无论是谁。

可这又怎样?没错,我们就是要爱自己。爱自己,她才能保证在诗人的疯狂追求下独善其身,理智地选取自己需要的情感。这更是一种难得的真实,因为唯有完整了自己,才能有正确的抉择,也才能给他人以完整的爱与生活。

爱自己是万爱之源,这是世界上最伟大的一种爱。从出生时起,女人就用数不清的方式去追求爱。有时爱很微妙,就像我们给路人一个善意的微笑;有时爱会持续一辈子,给你长久的幸福;有时爱只把我们唤醒一会儿,就消失了。

有人用一生的大部分时间去追求爱,却很难认识到生活中最重要的东西:自己。要知道,女人一生中最重要的关系是和自己的关系,最需要爱的人也是自己。

只有做到爱自己,和其他人的关系才能真正算是一种爱的关系,而不是建立在需要、依靠、恐惧或不安全的感觉上。

5.放下烦恼和忧愁，复杂的事情简单化

当你紧握双手时，你什么也得不到；当你张开双手时，世界就在你手中。这就是放下的智慧，也是快乐女人的秘诀——你是妻子，你是母亲，但别忘记，你更是女人，想不通的就不要想，得不到的就不要惦记，管不好的就不要强求，放下烦恼和忧愁，少操点心，幸福就那么简单。

林洙在她的书中这样写道："我曾经问起过梁公金岳霖为林徽因终生不娶的事。梁公笑了笑说：'我们住在总布胡同的时间，老金就住在我们家后院，但另有旁门出入。可能是在1931年，我从宝坻调查回来，徽因见到我哭丧着脸说，她苦恼极了，因为她同时爱上了两个人，不知怎么办才好。她和我谈话时一点不像妻子对丈夫谈话，却像个小妹妹在请哥哥拿主意。听到这事我半天说不出话，一种无法形容的痛苦紧紧地抓住了我，我感到血液也凝固了，连呼吸都困难。但我感谢徽因，她没有把我当一个傻丈夫，她对我是坦白和信任的。'"

林徽因把这种坦荡做到了极致。

"我想了一夜该怎么办？我问自己，徽因到底和我幸福还是和老金一起幸福？我把自己、老金和徽因三个人反复放在天平上衡量。我觉得尽管自己在文学艺术各方面有一定的修养，但我缺少老金那哲学家的头脑，我认为自己不如老金，于是第二天，我把想了一夜的结论告诉徽因。我说她是自由的，如果她选择了老金，我祝愿他们永远幸福。我们都哭了。"梁思成也是经过了复杂而痛苦的思想斗争才告诉林这个结果

的,他对林徽因的这种坦诚显然没有足够的思想准备。

林徽因后来把梁思成的意思转告给了金岳霖,老金的回答是:"看来思成是真正爱你的,我不能去伤害一个真正爱你的人。我应该退出。"林洙说:"从那次谈话以后,梁思成再没有和徽因谈过这件事。因为他知道老金是个说到做到的人,徽因也是个诚实的人。后来,事实也证明了这一点,他们三个人始终是好朋友。他自己在工作上遇到的难题也常去请教老金,甚至连他和徽因吵架也常要老金来仲裁,因为他总是那么理性,把他们因为情绪激动而搞糊涂的问题分析得一清二楚。"

有了坦诚,原本复杂的事情变得简单了,三个人消除了误解,从此毫无芥蒂,成了好朋友。

再恩爱的夫妻,也会几次动过离婚的念头。这种恐惧就如同一条蛇,它总是潜伏着,遇到机会就会蜿蜒而行地爬上女人的心头。

章铭在某机关从事财务工作,这是一年前刚刚调整的岗位。新工作让她很长时间都不太适应,领导也对她的工作成绩不是很满意,于是她情绪开始不稳定起来,每天一回到家,就忍不住对丈夫挑三拣四,大吵三六九,小吵天天有。终于有一天,她和丈夫同时说出了"我们离婚吧"这句话。继续过下去矛盾已无法逃避,可就这样说离婚就离婚二人又心有不舍,于是他们商量了一夜,决定暂时分开一段时间,给两个人冷静思考的时间。

章铭搬到了单位宿舍,二人约定平时没事不要打电话。最初的几天,章铭感到了充分的自由,可以随意做自己想做的事情。随着时间慢慢推移,章铭的工作顺手起来,心态也平和了很多。有空的时候,她开始思考起与丈夫的关系,也想起了自己在丈夫面前所说的话，有些时候的确是自己太过分了。

分开后的生活，章铭每天要么吃单位食堂，要么叫外卖，吃到后来，什么都索然无味。结婚这么多年，章铭基本上不怎么做饭，一直是丈夫做给她吃。一个男人，如果不是爱，还有什么能够让他6年如一日地为一个女人做饭？直到这时她才明白丈夫是多么爱自己，而自己，也是真的离不开丈夫。对丈夫的思念开始越来越强烈，终于有一天，当她一个人在宿舍泡好方便面却一口也吃不下时，忍不住打通了丈夫的电话。在听到那久违而又熟悉的声音的一刹那，章铭哭了……

在和丈夫分开3个月后，他们终于又见面了，丈夫看上去憔悴了许多，二人紧紧地拥抱在一起。丈夫说："我们回家吧，让我们比以前多一些相互体谅，好吗？"

其实，女人跟男人是向两种不同方向进化的动物，男人永远也不会了解女人的心，就如同女人永远也不会了解男人的心一样。认清这个现实，女人就不会再苛求完美和细节的感受了。

因为，不论你今天嫁的是谁，都会有这样的时刻。感情的颜色淡了，斑驳了，感情的画布破旧了，不好用了，想换新的了。但是新的也会用旧，不论它是什么样不同质地的画布。

风景之所以是风景，是因为我们站在风景之外，而一旦身处其中时，风景天长日久也就不再动人了。

同样的道理，我们的老公在我们的眼里乏味了，无趣了，但在其他女人的眼中，可能当初令我们爱上的魅力依旧。

同样的道理，今天在我们眼中出色的、令人欣赏的男人，明天在成为我们的"黄脸公"之后，也会随着时间的磨蚀而黯然失色。

既然如此，亲爱的女人，就看好我们的心吧，赶走那条蛇，跟着天使的指引，用心经营我们期待的共白首的美丽婚姻。

6.婚姻是两个家庭的事情

　　爱情是两个人之间的事情,但是婚姻是两个家庭的事情。如果说只是相爱,两个人大可以去相爱,不必告知他人,就算一辈子别人都不认可也依然可以相互爱着。爱与其他人是没有关系的。而婚姻却大不相同了,如果要结婚,那就意味着,双方的父母成为共同的父母,双方的亲属成为共同的亲属,婚姻的双方不仅在感情上有联系,在财务和社会关系甚至法律关系上也会产生联系。这样,婚姻就不再是两个人的事情了,而是两个家庭之间的事情。

　　梁思顺是梁启超的大女儿。1935年,梁思顺的女儿周念慈在燕京大学读书期间,爆发了"一二·九运动",她从学校跑回城内林徽因的家里住着,这件事让梁思顺非常生气。梁思顺深夜来到林徽因家,大声斥责周念慈,说她既然那么喜欢跑出来找舅舅、舅妈,为什么不让他们给她出学费,然后拉着哭泣的周念慈就走,边走边说她能到这里学到什么好……让她看看二舅的那些朋友,连婚姻都不相信了,能学到什么。

　　林徽因明白梁思顺说的是金岳霖,说道:"赶快走吧,不要说些不三不四的话了。"

　　梁思顺曾极力反对梁思成与林徽因的婚事,尽管她说的话含沙射影,尚有积怨在心,但听着那些"不三不四的话",林徽因并没有同梁思顺大动干戈,一点儿也没表现出强势的样子。

不可否认会有这种情况出现:即使你感觉自己付出了全部的心血与努力,但总是无法被他(她)的亲人所认可和接受。这时候,千万不要灰心丧气或者干脆放弃,甚至和他(她)的家人对着干。这些都只能使你的婚姻状况越来越糟,伤害的是你和老公(老婆)之间的感情,而对解决问题却毫无益处。也有因你无法接受对方的家人而让对方处于亲人与爱人的夹缝中,做辛苦的夹心饼干,甚至矛盾激化,最终被逼得只能在亲人、爱人中选择其一。

要想让你的婚姻幸福美满,不但要让他(她)的家人接纳你,更要学会接纳对方的家人。帮助对方解决后顾之忧,让两个人的爱情更加持久,婚姻更加稳固。

7.爱情中,需要"难得糊涂"

在男女的爱情中,需要"难得糊涂"。爱之火把两个人烧得傻里傻气,呓语连篇。男人发誓说:"我要把月亮摘下来给你梳妆!"女人相信了。男人又发誓说:"我要把星星摘下来给你做项链!"女人又幸福地相信了。对于爱恋中的女人,男人的誓言就是甜蜜的明天,她们明白摘月亮摘星星是一堆永远实现不了的空口诺言,但她们更明白这是男人许诺给她们的体贴和温暖。

其实,仔细想想,男人的爱情誓言差不多全是捉襟见肘的。如果女人认起真来,略加考证便可将男人的许诺驳得片甲不留。但女人竟然乐于相信和默认它。

1931年7月7日,徐志摩去探望林徽因,对着断墙上的残阳,断墙旁随风摇曳着的紫藤花,还有花的阵阵轻香,徐志摩凝神良久。下山之后, 他在写给林徽因的信中说:"我还牵记你家矮墙上的艳阳。"同年9月林徽因在《新月诗选》上发表经典诗作——《笑》,与其说是一首诗,不如说是对她自己心理状态的一种描述,那是她自己纯美的笑,也是她对人生的笑,亦或者是与徐的一种简单而单纯的情感互动。

林徽因让这笑仅仅停留在某个精彩的瞬间,让这笑在两个独立的个体相同的频率中静止,却又让这笑富有光芒地发散出去,又溅了这两个独立的个体一身,仿佛是一种高度的默契。但对于林徽因而言,也仅此而已。

不得不承认,女人的这种"糊涂",某种程度上体现了女人的精明。她们面对男人那一堆一堆的爱情诺言不作批驳,反而自己十分认真地从中寻找被爱的温暖和幸福,她们一方面佯装糊涂,一方面却又体味着爱情的甜蜜。

有一位女士,如今已是不惑之年。人们都称美她的清醒和聪慧,可她先后谈了不少男朋友,到头来还是孑然一身。男友向她许诺:"房子问题很快就解决了。"她便会深入男朋友的单位调查,然后批驳说:"分房子根本就没考虑分配给你!"男友向她许诺说很有可能要提升,她又进入他的办公室左论证右考察,最后又批驳:"你根本别抱幻想。"于是她的男朋友像走马灯似的一个个走开了。谈到她的婚姻,大家都叹惜说:"她太清醒了。"

"水至清则无鱼"这句话同样适用于爱情,太清醒了也许就没有疯疯癫癫的爱情了。

世事沉浮,婚姻情爱,女人们还是"糊涂"一些的好。

况且"糊涂"的女人还可以更自我一点,自得其乐有什么不好。何必非要做聪明女人,女人需要有一双善于发现的眼睛,但有些时候有些内容不要发现,或者不需要发现。"糊涂"的女人从不研究任何"拴"老公的方法,自信老公跑不丢。老公不用拴,要放。社会就是大草场,容不得你不放手,想不放,行吗?索性放他驰骋,"糊涂"的女人不会让可笑的联想累了两个人的心,得不偿失的是自己。

女人的一生都是美的,不同的年龄段演绎着不同的美。小女孩的美似山涧奔跑的小溪,洋溢着清新明快;少女的美似一湾湖水,恬静宜人;成熟女人的美更像碧蓝的大海,博大包容,静谧深邃。女孩子进入婚姻殿堂成为女人后,便会成为集多种角色为一身的综合体,这时的女人正是接受生活给你鉴定是否真正美丽的关键时刻,经过细细品味和感悟,进入这一时期的女人"糊涂"一些才是最美的。

也就是说凡事不能太较真了,别和自己过不去。试想如果我们在工作中做到:非原则性问题不计较,细小问题不纠缠,不便回答就佯装不懂,闲言碎语假作不知,以理智的"糊涂"化险为夷,以聪明的"糊涂"平息可能爆发的动乱,这样不仅可以化干戈为玉帛,冰消雪化,云开雾散,更可以使人心胸坦然,精神愉悦,从而消除心理上的痛苦和疲惫,何乐而不为呢?在对待爱情上我们也应该是这样。

相关链接：

女人什么时候"糊涂"才能恰到好处呢?

1.宽宏大度,胸襟开阔

回首一下男人的爱情誓言,差不多全是捉襟见肘的。如果女人心血来潮认真起来,略作考证便可以将男人的豪言壮语和温馨的空头许诺,批驳得体无完肤。但"糊涂"的女人会不动声色地相信和默认它。

2.理解信任,明白事理

家庭生活中会遇到很多事,"糊涂"的妻子只会相信丈夫,不会捕风捉影,自寻烦恼。

3.爱心在前,责备在后

当丈夫偶尔购物,兴致勃勃地回来时,妻子却对他买回的东西品头论足,百般挑剔,丈夫心里不烦才怪。"糊涂"的女人会投来欣赏的目光,口中夸赞道:"买了就好啊。"

4.克制情绪,理智处事

两个人在一起生活不可能总是风平浪静的。一旦发生争执,双方或过分热衷于搞清谁是谁非,一味地斤斤计较,或只顾发泄心中的愤恨,这都无异于"火上浇油",结果反而会激化矛盾,对于身心健康都没有好处。此时,"糊涂"的女人虽然是苦中求乐,但却找到了生活的乐趣。

最后,也最重要的一点,"糊涂"的女人不等于傻女人。切记!

测试:你会制造恋爱机会吗?

爱情是一件很微妙的东西,有时候你就得自己创造良好的机缘。一段邂逅,如果是在背后精心安排下才发生的,也不失它的浪漫,重要的是能让对方感受到你真挚的爱。测试看看,你有制造恋爱机会的能力吗?

1.如果你打算租套房子,你先考虑的是什么?

大小——0分

价格——5分

位置——3分

2.一个人走在路上,你认为前方会发现什么样的状况呢?

前方出现两条叉路——2分

前面出现地下通道——0分

前面出现了一座巨大的立交桥——5分

3.一片树叶落在了地上,你认为接下来会发生什么变化呢?

树叶被风吹了起来,落到了角落里——2分

树叶被田鼠搬回了家,成了田鼠的床——5分

树叶干枯了——0分

4.如果你负责为学校设计新校服,你会选什么颜色的面料?

蓝色——3分

红色——0分

绿色——5分

5.幼儿园春游的时候,小女孩和小伙伴走散了,你觉得她会怎么做?

找小伙伴——5分

一个人玩——3分

在原地哭——0分

6.你对以下哪个物品比较有亲切感?

棉花糖——0分

风车——2分

布娃娃——5分

7.如果你是小狗的主人,你会给它什么呢?

有铃铛的项圈——3分

可爱的狗狗衣服——0分

一个小皮球——5分

8.某商场正在搞活动,据说有重量级的人物要出现,你的第一感觉是什么?

一定有大明星出场——5分

一定是假消息——3分

没感觉——0分

9.某个丑女整容后变成大美女,你认为她最想见的人是谁?

曾经抛弃她的男人——3分

情敌——0分

目前的意中人——5分

10.一对男女见到对方后都很激动,你认为接下来会发生什么事?

互相指责——0分

找个地方坐下来谈谈——5分

拥抱在一起——2分

解析:

36分以上→A型很会制造机会哟

热情似火的你很会制造机会,你在这方面的能力可说是无人能敌!你原来的行动范围就非常广,人缘也很好,平时身边就围绕着一大群异性,你很大方,和第一次见面的异性就能轻松交谈并充分展露魅力,这让对方对你的好感度大增,不过要注意,你可能让人感觉人气太旺,有点不好追求!

26—35分→B型不容易留下好印象

你制造机会的能力很强,因为你一直对恋爱抱以积极乐观的态度,能从单相思中抽离出来并付出实际行动,可以说,你为了增加邂逅机会很努力,由于你的恋爱经验太少,面对初次见面的异性显得有些过分张扬,所以很难留给对方好印象,若你能在异性面前稍微矜持点,一定更吸引异性的注意!

15—25分→C型遇到状况就会退缩

你是一个很注重打扮的人,给人一种品位很高的感觉,你具有让异性为你倾倒的魅力,言谈举止能给人留下深刻的印象,在制造机会上缺乏动力是你的弱点,因为你过于害羞,放假时也宁愿一个人待在家里,建议你走出去,寻找新的挑战目标,即使不是为了制造邂逅机会,也能认识更多新朋友。

14分以下→D型反应迟钝错失良机

你是一个反应迟钝的人,只喜欢照自己的方式生活,穿着打扮也是那种很老土的风格,好像你天生就不懂流行时尚一样,这样一来,周围的异性根本无法感受到你的魅力,就算遇到喜欢的人,也不会跟对方交换电话号码,你必须积极表现自己。

第 五 章

名女人也要面临的那些"俗事"

卧病六年,在李庄那个偏僻贫穷、食药匮乏的小镇,几乎每天敌人的轰炸机都会隆隆而过,她还要养活两个孩子……林徽因用自己的故事,告诉我们,并非名女人就可以"免俗"。

1.扮演好自己的各种角色

随着社会越来越进步,家庭分工越来越细化,社会对女性的要求也越来越高了。如何走好事业和家庭的平衡木,这对于广大的女性来说,是个每时每刻都要面对的问题。

为此,不少现代女性为了家庭,牺牲了事业,也有部分事业心较重的女性为了事业的成功丢失了家庭的幸福,似乎事业的成功与完满的家庭不可兼得。

费慰梅在回忆录《梁思成和林徽因——一对探索中国建筑的伴侣》中说:"当时,徽因正在经历着她可能是生平第一次操持家务的苦难。并不是她没有仆人,而是她的家人包括小女儿、新生的儿子,以及可能是最麻烦的,一个感情上完全依附于她的、头脑同她的双脚一样被裹得紧紧的妈妈。中国的传统要求她照顾她的妈妈、丈夫和孩子们,监管六七个仆人,还得看清楚外边来承办伙食的人和器物,总之,她是被要求担任法律上家庭经理的角色。这些责任要消耗掉她在家里的大部分时间和精力。"

显然,各种家庭事务消耗了她大量的时间与精力,因为身份角色的转变,她不得不面对诸多的家庭琐事。

"她在书桌或画板前没有一刻安宁,可以不受孩子、仆人或母亲的干扰。她实际上是这十个人的囚犯,他们每件事都要找她作决定。当然这部分是她自己的错。在她关心的各种事情当中,对人和他们的问题的关心是压倒一切的。她讨厌在画建筑草图或者写一首诗的当中被打扰,但是她不仅不抗争,反而把注意力转向解决紧迫的人间问题。"费慰梅写道。

兄妹众多的梁家,家事自然也少不了。虽然有些时候林徽因也有许多困难,但她还是尽力地去帮助他们。林洙是林徽因的远房亲戚,从老家千里迢迢来投奔她,从衣食住行到学业,林徽因悉数给予安排,而这个人后来成为了梁思成第二任妻子。

当一切问题如潮水般向她袭来时,她没有逃避,也没有被折腾得焦头烂额,她理得清哪是重点,哪是急迫需要解决的问题。无疑,她是一个有责任心的女人,她把喜好和工作暂时放在一边,专心去处理家里的事情。

米兰·昆德拉说:"女人的一生,就是从上一个家到下一个家。"女人的一生中,要扮演很多角色,不同的角色对女人有不同的定位和要求。面对不同的角色,女人也会负有不同的责任和义务。若想扮演好各种角色,我们具体应该如何去做呢?

首先,要扮演好恋人的角色。永远不要做费心的管家和愚蠢的怨妇,更不要给对方压力和负担,学会留给对方多一些时间和空间,温柔地等待,并在等待的过程中不断地完善自己,表现出最好的精神状态,给他留下最美的记忆。

其次,要扮演好妻子的角色。婚姻对于女人来说,是一世的投资。如果婚姻是一辆马车,女人不能用鞭子和高声吆喝去驾驭它。想扮演好妻子的角色,要好好经营、用心维护,使男女双方形成一种内在的平衡关系,互相依靠,但又各自独立。"好女人是一所学校",好丈夫是靠自己精心培养出来的,扮演好妻子的角色,就能提升我们在家庭中所占的分量。

我们应该学会用生命去经营爱情,用爱情去管理男人,用真心去营造良好的家庭氛围。我们要体贴持家,不沉浸在昔日所谓的浪漫和惊喜里,用心地维持好现实生活里的各种秩序和关系,全心全意地爱丈夫、爱儿女,做好家里的"管家",整理出一个干净、整洁的"港湾"。

最后,要扮演好母亲的角色。要想做一个好母亲,就要坚持学习,因为只有父母好好学习,孩子才能天天向上。父母的观念是孩子的起跑线,只有把自己打造成为一个好的磁场,才能更好地引导孩子,给他们更好的教育。做出最好的榜样给孩子,才能让孩子向我们学习,效仿我们。

在我们的生活中,可能更多的是一些柴米油盐的事情,但我们在眷顾家庭的同时也不要忽视自己的事业,还要扮演好各种职场角色。虽然不必把心思全放在事业上,但也要给自己留出一些空间,以免成为一个"家庭保姆"。

只有真正地做到经济独立、能力独立、思想独立,在精神上、人格上独立,我们才能活出真正的自我,才能真正成为生活的主人,也只有这样,我们才能扮演好自己的人生角色!

2.处理好婚姻内的争吵

哪对夫妻没争吵过呢？子女教育、购买房子、个人工作、赡养父母等问题，只要想，能让夫妻双方吵架的理由数不胜数。即使是如林徽因这样的名女人，也不能免俗。

梁启超在梁思成和林徽因结婚时曾写信道："你们俩从前都有小孩子脾气，爱吵嘴，现在完全成人了，希望全变成大人样子，处处互相体贴，造成终身和睦安乐的基础。"梁启超告诉他们俩，成家之后都要变得成熟，不要再像小孩子那样吵来吵去，老人家真是用心良苦。

根据记载，林徽因和梁思成曾经发生过一次特别大的争吵，事后梁思成乘火车去外地出差了，而林徽因却为此痛哭了很长时间，一天只睡了三四个小时。最后的结局是梁思成在火车上连发了两封电报和一封信，使得两人"化干戈为玉帛"，日子又恢复了昔日的平静。

当时林徽因对沈从文说："在夫妇之间为着相爱纠纷自然痛苦，不过那种痛苦也是夹着极端丰富的幸福在内的……冷漠不关心的夫妇结合才是真正的悲剧。"她认为夫妻争吵是因为彼此有爱，彼此在乎对方，有争吵的爱才是真的爱，而两个人如果没感觉了，自然不会争吵，两个人不在乎彼此了，也自然不会争吵。

显然，林徽因把握住了夫妻间争吵的"度"，没让其任意泛滥、一发不可收拾。当然，争吵中双方必须有一个率先作出妥协。

争吵的确是痛苦的,梁思成曾给大姐梁思顺写过信,倾诉争吵后的痛苦:"今年思成和徽因已在佛家的地狱里待了好几个月。他们要闯过刀山剑林,这种人间地狱比真正地狱里的十三拷问室还要可怕。但是如果能改过自新,惩罚之后便是天堂……其实我们大家都是在不断再生的循环之中。我们谁也不知道自己一生中要经过几次天堂和几次地狱。"

其实,我们生活中的每一天都是崭新的,夫妻之间会产生新的事件和矛盾也是正常的。也就是说,夫妻之间的斗争是不可避免的,只是斗争的性质有所不同罢了,看你是仅仅为了胜利而斗争,还是为了好好地一起生活下去而斗争。

像林徽因和梁思成那样聪明的夫妻在不断的争吵中,早已明白了一个事实——就算你再怎么努力,也无法彻底地改变对方。在"拔河"时期,"就算是争个头破血流,也要让对方改掉坏毛病"的悲壮决心,在不知不觉间,已经变成了"用自己的意志和努力也无法改变对方"的觉醒。

这并不是单纯的放弃。这代表他们已经验证了一个道理,那就是:一对夫妻不是两个人遇见之后要变成的一个整体;而是完整的一对相遇之后,维持各自的方式一起生活。这就像是平行线,在同一个空间里,可以一起交流,一起前行,但永远保持着恰到好处的距离。能想到这点后,就是使用智慧从问题中找出对策的时候了。

比如说,以前看到丈夫脱了了袜子随意乱扔,做妻子的就会唠叨个不停。可几年后,妻子一般就会选择彻底放弃,不再唠叨了,而是用一张大纸在上面写上"脏袜子筐"四个醒目的大字,并贴在筐上面,把筐放在家中显眼的地方,以此来提醒自己的丈夫不要把脏袜子乱扔。对于争吵过很多次的问题,夫妻在这时就会意识到"是我们之间认知的不同而产生了摩擦",所以,这时不会再想着改变对方,而是摸索出一种不伤和气的方法。这和有棱有角的石头在滚了很长时间之后,会变成圆润的石头是一样的道理。

但是,让人遗憾的是,很多夫妻都没有进入这个阶段,而是停留在了"拔河"的状态中。也就是说,有时连争吵的理由也不甚清楚,就只是想着赢过对方便头破血流不停地争吵。夫妻间的战争比任何战争都来得激烈。不同不等于错误。当你想明白夫妻之间争吵的理由是因为彼此生活方式的不同时,你便会退一步,站在对方的立场,认真地思考该怎样调节。盲目地争吵是不能产生那种觉醒的。因为那样的话,你只想着对方的错误,一心想要让他(她)无条件屈服才肯甘心。

总而言之,"吵架"是任何一桩婚姻中,都不可缺少的元素。不吵架的婚姻是一种不完美的婚姻,甚至可以说是一种不平等的婚姻。

相关链接:

既然吵架是一种沟通,如何让它变得更为顺畅,就取决于争吵的艺术。婚姻专家认为,夫妻双方相互指责,对对方的看法不以为然以及愤然离开,都是消极的沟通。在这条路上走得越远,距离离婚的结局就越近。

正确的吵架技巧包括以下6个方面:

吵架的时间有讲究

瑞典研究表明,最易引起夫妇争吵的是早晨临出门上班的4分钟,以及下班回到家的4分钟。这是我们身心最疲惫的时刻,最好不要发生矛盾,否则很容易被激化。尤其是上班前的争吵要尽量避免,因为吵砸了很难弥补,会窝火一天。此外,晚上入睡前不要吵架,因为这是人一天心理最脆弱的时候,控制力下降,很容易压不住火。

吵架的地点有讲究

夫妻吵架一定要在家里,关上卧室门。开车时绝对不要吵,情绪失控非常危险;在父母、亲戚、孩子面前也不要吵,这样只会扩大矛盾,伤害别人;在商场等陌生人多的地方不要吵,在陌生人关注下,吵架很容易升级。

三种话不能说

不要动不动就把离婚挂在嘴边。两个人都在气头上,说话难免难听,此时动不动就说离婚,会让气头上的双方冲口而出说"好"。两个人为了赌气最终赔上婚姻得不偿失。

侮辱性的话不能说。"你真无能,养个狗都比你强"、"你比我之前的男友差多了"、"我瞎了眼才嫁给你"之类的话,会刺伤对方自尊心,形成难以愈合的伤疤。

沟通中要多说"我",少说"你",不说"非常、那么"。大脑有一种"否定性偏好",使人更容易对不快的刺激、信号做出反应。交流的目的不是彼此伤害,而是解决问题。因此,与其说"你怎么那么懒"、"你太不了解我了",还不如说"我觉得很累"或是"我觉得自己被忽视了"。这样能让伴侣知道,他的行为是如何影响你的。

不要以冷战或指责为结束方式

光是指责对方,比如"家长会你也不去,孩子也不管,你配做妈妈吗",或者干脆冷战,都会让争吵陷入僵局。不如提出具体的要求,比如"你能不能每晚用40分钟陪孩子做做功课?"让对方知道接下来该怎么做,才能解决问题。

最好不要哭

吵架不是纯粹的情绪对抗,而是逻辑对抗,哭会让情绪影响决策。争吵时妻子委屈的泪水,会增加男性的压力和焦虑。因为在男性看来,哭是软弱的表现,仅仅是发泄情绪,不能解决问题。

激烈争吵时应克制自己,暂时离开"现场",比如上个厕所、去厨房洗碗、收拾收拾屋子,给彼此一个冷静的机会。吵完之后,开个玩笑、送个小礼物、邀请对方看场电影等都是化解之道。

丈夫先妥协

人脑中有个鸡蛋大小的"边缘系统",它是情感的发生地。女性的"边缘系统"比男性大,决定了她们遇事容易跟着感觉走,不讲道理。在辩解没用时,男人最好闭上嘴巴,伸出双手,一个拥抱所表达的疼爱远胜于万千言语。

不要单纯地认为循循善诱的思想工作,就能够说服你正在生气的妻子。如果与妻子发生口角,你首先要做的就是妥协。妥协,可以减少你们吵架的次数和争吵的强度。

妥协是一门艺术,比如你与太太对刚发的奖金买些什么达不成一致意见时,她想要一件裘皮大衣,而你想要一辆摩托车,你们就完全可以这样妥协:带她去买裘皮大衣,然后给你买一个摩托车模型。为表达你们的亲密,可以把摩托车用裘皮大衣裹上带回家,甚至可以省下一小笔包装费用呢!相信吧,如果你真的这样做了,你的老婆一定会加倍地爱你,或者她一高兴,明天就会动用自己的资金去给你添一辆真正的摩托车。

3.磨合,成就你中有我,我中有你

步入婚姻之后,两个人的生活习惯和生活态度,以及背后的各种社会关系便开始进行融合与碰撞,这其中一定会有一个甜蜜无比的过程, 也一定会经历一个自感情的高潮跌落到现实烦恼的过程。有些人甚至还没有度过婚姻蜜月期就产生了分歧和隔阂。

所以,每一段婚姻都需要一个磨合和适应的阶段,怎么能够把这个阶段在不伤筋不动骨的情况下顺利地走下去,是婚姻能否成功的关键。

熟悉梁思成夫妇的人都知道他们两人的脾气性格很不相同,林徽因非常美丽、聪明、活泼,善于和周围人搞好关系,但又常常锋芒毕露、表现为自我中心。她很放得开,这使很多男孩子陶醉。梁思成相对起来则比较刻板稳重,严肃而用功,但也有幽默感。

他们都酷爱建筑学,因此在事业上,他们总是合作得很好,而在生活中,他们也能各自保持自己的个性和极不相同的脾气,相互容忍,虽然各自还有棱角,但依然磨合成你中有我、我中有你。

林徽因曾在回复沈从文的信中提起一场刚刚爆发在自己与梁思成之间的争执。"昨天到今晚(我)已整整哭了廿四小时,中间仅仅睡着三四个钟头……我在廿四小时中只在想自己如何消极到如此田地苦到如此如此,而使我苦得想去死的那个人自己在去上海火车中也苦得要命,已经给我来了两封电报一封信,这不是'人性'的悲剧么? 那个人便是说他最不喜管人性的梁二哥。"

林徽因的敏锐细腻使她对寻常争吵都有自怨自伤的苦痛,但同时,那苦痛也是知心的体贴才会碰到的痛处,是互为一体、情深爱笃时的委屈,所以,争吵后匆匆离去的梁思成会给林徽因发来挂念的电报;所以,煎熬在一片苦楚之中的林徽因在细细梳理情绪后,仍然会说:"在夫妇中间为着相爱纠纷自然痛苦。不过那种痛苦也是夹着极端丰富的幸福在内的。冷漠不关心的夫妇结合才是真正的悲剧!"

梁、林两家对林徽因与梁思成的这种争执早就习以为常。据梁思庄(梁启超三女儿)的女儿吴荔明回忆:一次,梁家全家在梁思成家中聚会,大家一同欣赏四合院中的花草,突然林徽因的说话声高了起来,而且是飞快地、不停地说,梁思成则时不时做一次声音不大、慢条斯理的反驳。原来他们是对花草的布局有不同的看法。(吴荔明:《梁启超和他的儿女们》)

梁启超的另一位夫人王桂荃把大家轰进屋里说:"这一对爱吵嘴的欢喜冤家,别管他们,一会儿就没事了。"

为什么会产生婚姻磨合期呢?因为恋爱时,人们是不可能把对方了解得很透彻的,人们总是把自己最美好的一面呈现给对方,也总是容易被对方美好的东西所打动。对于婚后生活只是一种抽象的理解,而婚姻是现实的、长期的。婚后各自的弱点及性格慢慢的毫无保留的暴露出来,不同家庭文化的教育、经济压力、性格、生活习性等,这些问题都是对双方的一种挑战。人们会因此而发现自己所选择的伴侣与自己期望的不一致,而要想达到双方一致,就只能相互协调,这种协调也就是磨合过程。

法国电影《巴黎最后的探戈》对这个问题就做了最好的诠释,两人相处如同跳一段动人的探戈舞蹈一样,你进我退,我进你退,这其中还要相互传递一些信息,相互能够领悟,才能舞出最美的舞姿。夫妻关系是一种人际关系,两人相处仅有爱是不够的,还需要掌握相处的技巧和艺术。

婚后五年是非常重要的磨合期,而前三年则是建立良好生活习惯的重要时期。这期间,每天晚饭后夫妻可聊一下白天各自的工作情况,发生的事情,聊一聊对家庭未来的规划等。还可以培养一些两人的共同爱好,如健身、打球、跑步、读书、听音乐等。这样可以增进两人的情感交流,且两人相处也不觉乏味。

另外,梁和林的磨合告诉我们,婚姻中夫妻不仅要相亲相爱,还需要相互勉励,共同进步。婚姻还有个隐性的功能在里面,那就是夫妻间的竞争。这里所说的竞争,是指人品、学识、能力、操守等的竞争——在婚姻中,若一方是紧跟时代的步伐,努力上进,而另一方却墨守成规,这样的两人不能同步,差距太大,必然影响夫妻交流,导致感情不合。

建立相互勉励、携手共进的相处模式有利于夫妻共同进步,树立高尚的目标,婚姻中有争执时相互更能理解,这样的婚姻才是有活力有激情的婚姻!

4.被生活击倒,还要继续奔跑

林徽因是中国近代社会中一个伟大的女性,她一直对生活充满了热爱之情。

林徽因在南迁避难时,虽然饱受颠沛流离之苦,却始终坚强乐观。当敌机天天在头顶盘旋的时候,她却始终没让理想和事业中断。虽然日子很苦很艰难,虽然始终病着,但她的眼睛里永远有光。

虽然经历了那么多,虽然认识到了生活的真相,从一个才貌双全的小才女到雍容华贵的少妇,又到圆融丰厚的妇人,历尽繁华与平淡的侵袭,但她依然热爱生活。

她是个热爱生活的高手。

因为战争的原因,离开北平时,林徽因的肺部已经产生了空洞,病痛开始向她"叫板",甚至一个小小的感冒,都会引起严重的后果。此时的梁思成脊椎软组织开始硬化,他只能每天在衬衣里穿着一副量身定做的铁架子,以支撑脊椎。

1937年的逃亡,林徽因一家好像在漫无目的的流浪。对于这段历史,林徽因写道:"我们在令人绝望的情况下又重新上路。每天凌晨一点,摸黑抢着把我们少得可怜的行李和我们自己塞进长途车,到早上十点这辆车终于出发时,已经挤上二十七名旅客。这是个没有窗子、没有点火器、样样都没有的玩意儿,喘着粗气、摇摇晃晃,连一段平路都爬不动,更不用说又陡又险的山路了。"一路上林徽因上下舟车十余次,进出旅店二十多次,这种高密度的"折腾",搁在常人身上也很难受得了,更何况拖着病体又劳累至极点的林徽因,但那时的她却依然保持着乐观的心态。

在生死关头,人们面对的可能是随时的生离死别,内心世界里更多的是郁闷,可在林徽因的家中,却时常环绕着嘹亮的歌声。

林徽因已经不再是她自己,她默默地承担着一个精神支柱的角色,她用自己的精神力量为家人们树立起了希望。

从上流社会瞬间走向底层的林徽因,没有因此放弃努力,她杜绝了所有可能产生的矫情。林徽因翻过四个山坡,穿梭在稀薄的空气中,去给云南大学的学生补习英语,每周上六节课,每月挣四十块课时费,而这意味着她每周必须六次面对生死考验。她所挣得的每一分钱,似乎都是用生命换来的。

林徽因在给费慰梅的信中写道:"我喜欢听老金和奚若笑,这在某种程度上帮助我忍受这场战争。这说明我们毕竟是同一类人。"一个女人,承担了一般人不可承受的所有的轻与重,她在朋友那里获得了些许的慰藉,她努力从生活中找寻心灵的寄托。

"思成笑着,驼着背(现在他的背比以前更驼了),老金正要打开我们的小食橱找点东西吃,而孩子们,现在是五个——我们家两个,两个姓黄的,还有一个是思永(思成的弟弟)的。宝宝常常带着一副女孩子娴静的笑,长得越来越漂亮,而小弟是结实而又调皮,长着一对睁得大大的眼睛,他正好是我期望的男孩子,他真是一个艺术家,能精心地画出一些飞机、高射炮、战车和其他许许多多军事发明。"林徽因关注着所有的那些能够给她带来安慰的细节,她需要通过家庭的温暖来驱散心中的阴霾。

友人的探望也总能给她带来些许的阳光,林徽因和他们能在下午四五点钟聊天喝茶,虽然只是纯粹精神上的交流,但却为灰色的生活里注入了难得的色彩。对于一个爱生活的女子来说,这种战火洗礼下的朴素的友谊是弥足珍贵的。

尽管境况已经坏到几乎不能再坏,但仍不影响林徽因给孩子们读罗曼·罗兰的《米开朗琪罗传》和《贝多芬传》,她没有停止对孩子们的教育。

虽然时刻面临生死考验,历经艰辛,但林徽因依旧没有减退对生活的热情,甚至有了"一种螺旋式的上升",对人间的苦与乐,有了更深刻的认知。

要成为一个爱生活的高手并不容易,因为我们常常乐于享受顺境时的生活,而到了逆境中或者不如意的时候,我们往往就会不再热爱生活,甚至会去抱怨种种不顺。

一个热爱生活的女子,她从不放弃希望,她会从别人那里"借取"温暖来维持自己的希望,为困难中的坚持增加一些能量和养料,从而不至于使希望泯灭。

5.儿女心中不灭的太阳

给孩子最好的礼物就是做他们的榜样,林徽因就是儿女心中最好的榜样。有一种说法,"娶一个好女人会福及三代人,未来竞争是'娘与娘'之间的竞争",的确是有一番道理的。女人扮演好母亲的角色是一种历史的任命,因为母亲对孩子成长的作用不可估量。当然,身为一个母亲,要懂得去忍,懂得去爱,因为无知的爱等于伤害。"言教不如身教,身教不如境教",一个母亲要永远做孩子心中最好的榜样,给孩子创造一个良好的成长环境,孩子将来才能出类拔萃。

儿子梁从诫回忆道:"在这间可爱的小小起居室里,妈妈在煤油灯下为我们讲解庄子《解牛篇》和《唐雎不辱使命》,教我们读了很多李白、杜甫的诗,特别是杜甫在四川写的诗,感觉很接近……妈妈经常带我们去邻近的瓦窑村,看老师傅在转盘上用窑泥制各种陶盆瓦罐,她对师傅手下瞬间出现的美妙造型总是赞不绝口,大呼小叫的要师傅'快停,快停',但老师傅根本不睬这个疯疯癫癫的外省女人,不动声色地照样将他的——痰盂。妈妈后来每次讲起,总是乐不可支。"

林徽因拥有一颗打不败的童心,使她的心能够与儿子牢牢地系在一处,加上她的乐观,使她成了儿女心中不灭的太阳。

梁再冰是林徽因在1929年生的第一个孩子,她早年曾就读于北京大学西语系,后担任新华社记者,曾与丈夫于杭一起先后在英国、澳大利亚和香港作为新华社派驻记者工作多年,1991年退休。

2004年6月10日,在清华大学建筑学院举行的"林徽因百年诞辰纪念会"上,梁再冰心情激动地走上讲台,刚一开口声音就哽咽了。

她说:"回顾我妈妈一生的历史,我的心情很不平静,想到的事情太多了。以前我很不愿意回想这些事,因为她的一生特别值得惋惜。母亲的一生很短,只有51年的时间,中间又经过了抗战中最艰苦的一段生活。这次因为要纪念她的百年诞辰,我翻阅了很多过去的信件、材料,对母亲又有了新的认识,对她的工作和思想又有新的发现。"

"现在的人提到林徽因,不是把她看成美女就是把她看成才女。实际上我认为她更主要的是一位非常有社会责任感的建筑学家。她和我父亲梁思成是长期的合作者,这种合作基于他们共同的理念,和他们对这个事业的献身精神。"

林徽因的儿子梁从诫对母亲的评价是:"在现代中国的文化界里,母亲也许可以算得上是一位多少带有一些'文艺复兴色彩'的人,即把多方面的知识和才华——文学的和科学的、人文学科的和工程技术的、东方的和西方的、古代的和现代的——汇集于一身,并且不限于通常人们所说的'修养'。而是在许多领域都能达到一般专业者难以企及的高度。"

梁再冰指着一幅摄于1935年,她和母亲和弟弟的合影说:"这是在北京北总布胡同3号,这是母亲一生中最好的一段时期。"照片中可见院落中花木扶疏,环境优雅。

梁再冰说:"从'九一八'事变(1931年)之后到'七七事变'(1937年)之前,我们全家在北总布胡同3号住了6年,这是我们家生活相对稳定富裕的一段时间,是夹在两场大风雨中的一个短暂的阶段。"当年,这个院子里经常是高朋满座,文化界的学者、教授、作家等知名人士经常在这里聚会,曾有"太太沙龙"的美称。原以为这院子一定是梁家自己的,没想到梁再冰却苦笑着说:"母亲一生没有住过自己设计的房子,北总布的院子也是父母租的。"

梁从诫在一篇题为《倏忽人间四月天——回忆我的母亲林徽因》的文章中说,1939年冬天,在昆明市郊区的龙头村,父亲在一块借来的地皮上请人用未烧制的土坯砖盖了三间小屋,这竟是两位建筑师一生中为自己设计建造的唯一一所房子。为了建造这几间房子,他们动用了全部的积蓄,还搭上林徽因母亲的部分首饰,可惜房子盖好后他们只住了半年,就因战事逼近不得不搬到更加偏僻和艰苦的四川李庄。

1946年梁再冰入北京大学读书,住在沙滩的北大女生宿舍"灰楼"——那是梁思成在抗战以前设计的一座三层建筑,林徽因觉得有些呆板,便在上面加了半层,梁再冰恰巧就住在这半层中。

抗战时期在四川李庄物质匮乏、贫病交加的日子里,身患肺病、被医生断言最多只能再活5年的林徽因,躺在床上还在为中国战后的城市重建殚精竭虑。她在油印的《中国营造学社汇刊》上发表了《现代住宅设计的参考》,介绍欧美国家的经验,为低收入者设计住房,其高度的社会责任感由此可见一斑。

1950年,林徽因以极大的热情投入到新中国的建设中。她参加了国徽图案的设计工作,许多新的构思都是她首先提出并勾画成草图的。在她生命的最后时刻,她还参与了人民英雄纪念碑的设计和建造。她亲自为碑座和碑身设计了全套的饰纹,特别是底座上的一系列花圈。在全心投入工作的时候,她完全忘记了自己是一个病人。1954年秋,她的病情急剧恶化,1955年年初住进同仁医院。据梁再冰回忆,1955年3月31日晚上,同仁医院打电话告诉她:林徽因病危。梁再冰立刻赶到医院,母亲已经昏迷不醒。护士把住在隔壁的梁思成搀扶过来,父亲坐在母亲的床前,拉着妈妈的手放声痛哭。林徽因去世之后,北京市人民政府把她安葬在八宝山革命烈士公墓。梁思成亲自为她设计了墓碑:把她亲手设计的一方汉白玉花圈刻样移做她的墓碑。墓体朴实、简洁,体现了他们一生追求的民族形式。

6.不仅做他的妻子,还要做他的知己

聪明的女子都会选择与自己价值观相似的男人为配偶,在彼此价值观相似的情况下,才可能持久进行密切的交往和深层的沟通,共同向着相同的目标行进,彼此相互配合,使双方产生越来越多的安全感和满足感,共同的目标感、思维习惯和一样的动作,都是感情和谐度提升的加速器。

与我们有相似的家庭出身和文化背景的男人,在交往过程中易于学习和接受与我们相似的价值观,更容易和我们达成价值观认同。

不同视一个方向,往往是爱解体的重要根源。

一对大学生恋人热恋了好几年,已经到了谈婚论嫁的阶段,但快结婚时他们却分手了。原因是男方希望两人都继续攻读硕士学位,通过更高的学历来给自己"镀金",但女方却认为学历只能代表过去,在当今社会,文凭已经被高度商品化,早已不值钱了,再取得更高学历只是浪费时间而已。她只想快速就业,获得收入。两人在这个问题上无法达成协议,最终吹了。

林徽因与梁思成的结合承载着家长的祝福,加之出身教育与文化构成有太多的相似,可谓志趣相投,他们彼此之间常常心领神会。较早的生活方式的趋同,培养了他们之间的默契度。

回国后,他们共同在东北大学建筑系执教,而后回北平工作。此间他们一起设计了吉林大学校舍、沈阳郊区的肖何园,他们常常偕同外出考察古建筑,不怕路途艰辛,同甘共苦。共同的志向和事业,将他们结合得紧密无间。

有不少的女子,她们的生活和男人的是两条永不相交的平行线,各有各的圈子,各有各的行为路径,太多的时候两人不是同视一个方向,久而久之,感情难免淡化。

爱情不是四目相对,而是两人同视一个方向。如果爱不是建立在共同的追求和价值观的基础上,将来很容易就会出现矛盾。

心理学家兼心理治疗师埃斯特拉德说:"对很多夫妻来说,最初的激情过后,真正的夫妻关系开始时,他们才发现双方在本质问题上不能相容。"

重要原因之一,就是双方不能同视一个方向,造成在价值观上不能协调一致。埃斯特拉德认为:"价值观由每个人的伦理决定,它是我们对待生活的方式,是我们选择的契约原则,支持我们在日常生活中取得进步。如果价值观迥然相异,互相在很多重大问题上不能达成一致,对方说的话、做的事甚至引起另一方的反感,这种婚姻的寿命不可能太长。"

我们不妨试着进入男人的圈子或者试着经营相同的事业,这样不仅每天生活在一起,就连工作也是在一起的。我们在生活上相互体贴和照顾,在事业中也能像林徽因和梁思成一样,相互交流自己的思想和智慧,并从中升华我们的爱情。

我们共同承担生活和事业中的艰辛与磨难,也共同分享工作中的喜悦和成就,我们可以拿出更多的时间和空间去体验生活与爱情、事业和谐共生的美好感受,相亲相爱,相互依偎,相互温暖对方,相濡以沫地走过爱河里所有的时光。

爱是一种高度社会化的情感，它在我们的生活里流淌到方方面面，夫妻把各自封闭在自己的小圈子之中，爱的温度是很难维持很久的。

相关链接：

当然，我们不一定像林徽因那样对丈夫有着强大的影响力，但为了避免价值观的冲突，保证双方同视一个方向，就要花多一点的时间去和对方沟通。诚如心理学家埃斯特拉德所说："只要彼此相爱，就没有什么不可逾越的障碍。如果双方决定共同生活，并让两个不同的内心世界和平相处，他们就会真心实意地接受彼此的差异。"

1.学会了解丈夫

试着努力了解他，了解他的爱好、事业、追求。只有了解了他的内心世界，才能跟他有话可聊，才能体会他的心情，也才能让自己成为他的红颜知己。

2.学会倾听丈夫的心声

做他最好的倾听者，在他遇到困难和烦恼时，要用心去倾听。学会倾听，并不需要复杂的过程，只要提供一对信任的耳朵，有一颗善解人意的心。当他诉说的时候，只要耐心认真地去倾听，适当的时候随声附和一下就好，这样他在你面前就得到了全面的放松，就不会让别人有机可乘，也就能维护好自己的婚姻，从而有时间打造夫妻间的感情。

3.学会与丈夫沟通

你不仅要了解他，倾听他的心声，更应该学会与他沟通，假如你的丈夫跟你说了他当下的情况，不管这种情况有多么糟糕，你也要心平气和地与他沟通，告诉他该怎么做，而不是给他"当头一棒"。试着从他的角度去理解问题，看待问题。这样，一方面可以更多地了解丈夫的内心世界，另一方面，还可以增进夫妻之间的感情。

4.分享丈夫的快乐与成功

杨澜曾经说过："我认为婚姻最坚韧的纽带不是孩子，不是金钱，而是精神上的共同成长。爱情有时候也是一种义气，不光是说这个人得了重病，或者他破产了你仍然跟他在一起。还有另一种是，学会分享他的快乐与成功，让他知道你很欣赏他。"赵雅芝也曾经说过："幸福不是必然的，婚姻和事业一样，同样需要经营，我的方法就是尽职尽责，不但在他痛苦时给予安慰和鼓励，更要在他成功时同他分享快乐。"可见，如果想要打造永远保鲜的夫妻感情，就要学会分享丈夫的快乐与成功。

婚姻中，很多婚龄长的女性在面对丈夫的快乐与成功时，总会给出一些大煞风景的语句，深深刺痛丈夫的心。比如当丈夫说："老婆，我涨工资了。"其实这个时候很多女人心里是高兴的，但是此时的女人却是煮熟的鸭子——嘴硬，不但不与丈夫分享快乐与成功，反而说："得意什么呀，人家隔壁的谁都已经是你工资的两倍了，涨一点就开心成这样，没出息。"一句话给本来热情高涨的丈夫泼去了一盆冷水。这样做无疑是把丈夫推往心门之外，而且还会影响夫妻之间的感情，使得夫妻之间产生隔阂。这样夫妻之间又怎么能够打造保鲜的感情呢？

生活中，每一对夫妻的生活都是一首锅碗瓢盆的交响乐，要想敲出动听的音乐，可不是说说那么简单，只有懂得分享的人才懂得倾听，才能奏好这首曲子；如果总想做一个蛮横的指挥家，只会横加指责，那么不仅奏不出和谐的音律，或许本来的欢歌还有可能成为悲歌。同样，夫妻之间，只有懂得分享，懂得给予赞赏，才能奏出感情的天籁之音，才能打造永远新鲜的夫妻感情。

培根曾经说过:"如果你倾听别人的快乐,自己也会得到快乐。"我们何不听从这位大哲学家的话,从今天开始分享丈夫的快乐和成功,这样你不仅自己可以收获快乐,还可以增加夫妻之间沟通和交流的机会,也才有可能打造永远保鲜的夫妻感情。

5.适时地给他一些惊喜

其实,分享丈夫的成功与快乐很简单,一个鼓励的眼神,一句赞美的话语,一份小小的礼物对男人来说都是弥足珍贵的。

在丈夫诉说他的快乐与成功时,你可以在他不经意的时候,给他一个小小的吻,这不仅是对他诉说下去的鼓励,更证明了自己正同他分享快乐与成功的喜悦。这个时候丈夫一定会向你投来爱的目光,你们的感情或许会回到初恋的美妙状态中,也就打造了新鲜的夫妻感情。

第 六 章

以最优雅的姿态做真正的自己

　　这个聪慧灵动的女子,将自己化作一尾鱼,游弋在珊瑚丛般的男人世界里,她始终婉转自如,是一道最为亮丽的风景。因为她懂得,真正的爱情不是"低到尘埃里",也不是"高到云天之上",而是以最优雅的姿态做真正的自己。

1.以树的姿态与他并肩

　　说起何雪媛这个名字,大约能记得的人并不多;然而和这个名字紧密相连的另外两个人,林徽因和林长民,却都是在中国近现代史上响当当的人物了。

　　林长民,清末民初政坛风云人物,是何的丈夫;林徽因,新中国第一位女建筑师,才女,作家,是何唯一活下来的子女。

　　这个家庭里,多是叱咤风云的倜傥之士,唯有何雪媛,她是生活在大树旁边的一棵小草。没有花香,没有树高,她就是一棵无人知道的小草,经常寂寞,经常烦恼,在林府她没有伙伴可以倾诉和唠叨。

　　在何雪媛之前,林长民曾娶妻叶氏,叶氏早逝,没有留下儿女。说起来何雪媛进林府作继室应该和原配无异的, 可惜小作坊出身,不读书不识字,也不会女红的何氏,和林府的其他女人,包括她的婆母游氏那一派闺秀风范相比,悬殊太大。从进入林府那天起,她就不是和谐的音符。

　　何氏生下的子女当中仅长女林徽因活了下来,另一男一女,都夭折了。在"不孝有三,无后为大"的古训面前,断后之忧困扰着林长民的父母,何氏本就尴尬的位置雪上加霜,来自二房的压力若隐若现。

　　终于在他们婚后的第十个年头, 林长民娶了上海女子程桂林。这个被林徽因称作二娘的女子,其实也没什么文化,只是要比何氏幸运得多了。不但会讨男人的欢心,还一连生了几个儿子,连公婆的欢心也一并讨来了。林长民毫不掩饰对这个小妾的宠爱,自号"桂林一枝室主人"。何氏被冷落,长期住在被遗忘的后院,已是不难想象的结局。

被冷落的何氏一定是经常怨天尤人的,这让和她一起生活的林徽因也格外矛盾。她同情母亲被遗弃的悲戚,却又务必清楚她自己的短处。梁从诚曾这么说他的母亲林徽因:"她爱父亲,却恨他对自己母亲的无情;她爱自己的母亲,却又恨她不争气;她以长姊真挚的感情,爱着几个异母的弟妹,然而,那个半封建家庭中扭曲了的人际关系却在精神上深深地伤害过她。"(摘自《倏忽人间四月天》)

林徽因是怎么说自己的母亲的呢?她在致费慰梅的一封信中这样说的:"我自己的母亲碰巧是个极其无能又爱管闲事的女人,而且她还是天下最没有耐性的人。刚才这又是为了女佣人。真正的问题在于我妈妈在不该和女佣人生气的时候生气,在不该惯着她的时候惯着她。还有就是过于没有耐性,让女佣人像钟表一样地做好日常工作但又必须告诫她改变我的吩咐,如此等等——直到任何人都不能做任何事情。我经常和妈妈争吵,但这完全是傻帽和自找苦吃。"

文字里浸透着浓郁的无奈啊!

何氏因为没有别的亲人,就和林徽因一直一起生活。因为她是母亲,林徽因无条件地爱她;但又因为她自己的原因,使得她几乎是林徽因一直要背负着无法放下的包袱。

金岳霖也曾经分析过这位母亲的感情:"她属于完全不同的一代人,却又生活在一个比较现代的家庭中,她在这个家庭中主意很多,也有些能量,可是完全没有正经事可做,她做的只是偶尔落到她手中的事。她自己因为非常非常寂寞,迫切需要与人交谈,她唯一能够与之交流的人就是徽因,但徽因由于全然不了解她的一般观念和感受,几乎不能和她交流。其结果是她和自己的女儿之间除了争吵以外别无接触。她们彼此相爱,但又相互不喜欢。"

林徽因比自己的母亲去世得早。林徽因死后,她随自己的女婿梁思成生活;20世纪70年代,梁思成又先她而去,何氏又随梁的后妻林洙生活半年。1972年去世时已经是90岁高龄。

何雪媛的一生,基本是无声无息的一生。林长民晚年曾在宅院里栽了两株梧树,因此还自谓"双梧老人"。梧树,也就是桧树,是雌雄异株的树种,如果其中一棵代表林长民自己的话,那么,另一棵却一定不是何雪媛。

或许是母亲的命运启发了林徽因,让她懂得了怎样去爱与被爱,懂得了在爱情里怎样保全自己——没有独立的经济来源,没有独立的情感世界,女人永远是男人的衣服;没有一个让自己安身立命的本事,女人迟早会成为怨妇中的一员;不能自立的女人,注定不能把握自己的命运。

女人在经济上的独立是自我实现的首要条件。现在普遍的观点都认同:同甘共苦才是家庭中的智慧,旧时的一些观念需要改变,女人要追求自己的地位和财富,追求自己的快乐和幸福。

真正能独立自主的女人,会得到社会及他人的尊重,这是女人寻回自我的首要前提。有事业的女人能与自己的男人平起平坐,能让他们不会轻易产生"是我在养你的"的心理,能得到男人的尊重和敬佩。

自立的女人不会把终生的幸福完全交在那个他手中 (尽管求婚时他说:我会让你一辈子幸福),他哪有那么多精力打理你的幸福,更何况女人对幸福的要求男人一般达不到。所以,女人要和他一起共同为家付出。这样即使当你面对一份支离破碎的生活时,你的自立也会让你重拾生活的勇气,重新开始打理自己的生活。

古今中外,任何一个值得尊敬的人都是用辛勤的工作,来换取事业的成功的。事业不仅是为了满足女人生存的需要,同时也是体现个人价值的需要。自信女人的一个可贵之处就是能够拥有自己独立的事业,它能给我们以精神的寄托,同时又使我们经济独立、人格独立。

一个女人是某著名高校中文系的硕士生，在临近硕士毕业时，她结束了长达五年的爱情长跑，接受了先生的求婚。到该找工作的时候，她也和其他同学一样开始做简历、挤招聘会。当时她以为凭着硕士文凭和在报社、电视台实习的经历，一定能找到一份如意的工作。谁知道一跳进人才市场的海洋里，她就发现情况和她想象的大不一样。

周围的不少朋友劝她："何必辛苦呢？你老公留学归来，又是工科博士，那么多单位开价都是一万两万的。你干脆不工作，在家写点小文章，赚点小钱，悠然自得不好吗？"于是她把档案往人才市场一放，选择了不工作。

可当最初的兴奋一过，她才发现这样的生活过得并不美好。先生每天去上班时，她还在睡大觉，中午一个人在家随便吃点将就着，一整天就在家里穿着睡衣到处晃悠。于是她开始觉得失落、觉得不快乐，渐渐的脾气越来越坏，动不动就发火。

深夜梦醒的时候，她不断地追问自己：这真的是我想要的生活吗？答案是：不。我想去工作，不是因为别的，而是需要。

于是，趁着先生到上海发展的机会，她也开始像一个应届毕业生一样，又开始了自己的求职之路。终于，她在一家报社开始做编辑，尽管工资不高，却让她觉得很踏实。她说："在这个人才济济的城市里，我看到了太多优秀的女人怎样在生活。如果你问我，现在累吗？的确有点累，但我很满意。现在，见到我的朋友总说我比以前更有神采了。"

现在更多的女性努力工作是为了释放自己最大的价值，在不断的进取和成绩中获得肯定和自我完善。她们和那些放弃工作、走入家庭的女性形成鲜明对化，更显独立自主，为社会创造价值，是城市街头匆匆奔走的亮丽风景线。

　　独立自信的女人可以骄傲地对世人宣称，她们是天空之中翱翔的鸿雁，是高原上奔跑跳跃的藏羚羊，是花丛中翩翩起舞的美丽蝴蝶……在世间，她们用自己的方式展现着属于自己的美丽。

　　独立自信的女人拥有广阔的心胸、高瞻远瞩的目光。她们没有"临渊羡鱼"而后感叹，她们用行动实践着"退而结网"的道理，她们用自己的双手规划自己的未来。她们懂得"靠山山倒，靠水水枯，靠自己永远不倒"的道理，她们学会用自己手中的笔，在蓝图上描绘自己将要创造的山水。

　　独立自信的女人会给人一个轻松自在的感觉，让人惬意的像漫步在幽静的山林之中，即便面对变幻无常的社会，她们也不会丢掉轻松的微笑。

　　我们还记得初中课本上有一篇舒婷的《致橡树》吧，这首诗就是独立自信的女人的生动写照。

致橡树

舒婷

我如果爱你——

绝不像攀援的凌霄花，

借你的高枝炫耀自己；

我如果爱你——

绝不学痴情的鸟儿，

为绿荫重复单调的歌曲；

也不止像泉源，

常年送来清凉的慰藉；

也不止像险峰，

增加你的高度，衬托你的威仪。

甚至日光。

甚至春雨。

不,这些都还不够!

我必须是你近旁的一株木棉,

做为树的形象和你站在一起。

根,紧握在地下,

叶,相触在云里。

每一阵风过,

我们都互相致意,

但没有人

听懂我们的言语。

你有你的铜枝铁干,

像刀,像剑,

也像戟;

我有我红硕的花朵,

像沉重的叹息,

又像英勇的火炬。

我们分担寒潮、风雷、霹雳,

我们共享雾霭、流岚、虹霓;

仿佛永远分离,

却又终身相依。

这才是伟大的爱情,

坚贞就在这里:

爱——

不仅爱你伟岸的身躯,

也爱你坚持的位置,足下的土地。

2.若即若离,让他可望而不可及

很多时候,女人们都会遇到这种情况,他爱你,你也爱他,可是究竟该由谁来捅破这薄薄的一层纸呢?

此刻,男人和女人都在打着自己的小九九。对于女人来说,主动,或是被动,哪一种选择更有利呢?有些女人选择了被动等待,就像古代那个守株待兔的老农一样,也许那只兔子会直直地冲向你,你能不劳而获,但是成功的概率并不比彩票中头奖高。还有一些女人以飞蛾扑火之姿将爱的绣球掷在了那个男人头上,也许你真的赢得了爱情,这自然值得庆祝一番,但是并不排除一种可能,就是你的主动虽然最终使你们确立了恋爱关系,但你却始终处于一种被动的位置上,为了维护这段得之不易的爱情,你可能会小心翼翼,如履薄冰。

要保持对追求者的优势,无论是心理上还是实质上。

有个聪明的女孩说,林徽因很懂得给男人幻想:"像在驴子额前吊一根萝卜,看得见,吃不着,放不下,把对方弄得神魂颠倒,她还可以睁大眼睛装无辜。"只是很感慨,像这样的萝卜不仅吊了一时,还吊了一世,实在了得!那些常来客厅的朋友与林徽因的友情几乎都维系了一生。

是的,男人追求的目标,是远远超过自身的存在,是看起来自己追求不到的女人。所以要想他对你感兴趣,一味地对他好是没用的,必须用些办法,激起他的征服欲。

你为男人关上了一扇门,就要再为他打开一扇窗。

用你自己的方法,暗示这个男人可以来追求你。可以偶尔约会一两次,让他知道你虽然被很多人追,但是洁身自好的。让他知道虽然你身处喧嚣之中,但自己还是安静的。以及让他知道,你会给所有人机会,但最终等待的是个"执子之手,与子偕老"的人。

最终目的就是要让他知道,你是他的目标,但不是一个可以轻易征服的目标。而这种目标,恰恰是最能够激起他们的喜爱、欲望和斗志的,能让他们用尽力气来对你好。

恋爱中的男女扮演着不同的角色,男性使尽浑身解数攻城略地,进退有度,女性控制恋爱火候,使男性保持不断进攻的态势,让男女关系的互动体现得淋漓尽致,和谐美好!

尽管当今社会恋爱态势日趋多元化,但无可争议的是,男攻女守——即男性主动追求,女性挑选接受,仍然是绝对的主流。

我们说的"男攻女守"并非指女性静静等待,不做任何反应以应对男性的进攻。殊不知,征战沙场的勇士虽不惧怕失败,但他会害怕你的拒绝让他颜面无存。如果你对某位异性有好感,高调和主动反而会吓跑男性,很少有男人会觉得被女人追到手是件值得骄傲的事。

美国著名两性情感专家约翰·格雷在《男人约会向北,女人约会向南》一书中提示,恋爱阶段男女约会的全部要义在于:对男人来说,需要从一点一滴的小事做起,显示他对女人的兴趣与关心;而对女人来说,则需要大方地接受他的示爱、他的付出,并且从这些过程中发现自己是不是真心喜欢他。所以,"男人追求,女人引诱"是最佳的情爱策略。

如果你的暗示没有引起男人的兴趣,那这个男人多半对你没有爱意,再怎样的努力也是落花有意流水无情。男人天生喜欢征服,得不到的东西才是最好的,欲擒故纵是猎杀男人最好的武器。即使你特别喜欢他,也不要低声下气,落入尘埃般地去苦苦乞求爱情。

女性以引诱响应男人的追求,是非常令男人兴奋的。因为男性总在不断地寻找机会证明他能给女性幸福。同时,男性的追求也让女性感觉到,有人正在努力地讨她欢心。这不仅使女性快乐无比,也让男性体会到追求成功的乐趣。在这方面,女性的默默接受好比是提供了一片肥沃的土地,使男性兴趣的种子得以成长。你只需做出允许追求的姿态,把追求的主动权交给男性,这种主动式的被动,会让他追得有成就感,他就会更珍惜你。

张小娴说过:"女人的追求其实只是用行动告诉这个男人,请你追求我!意思是拉开架势,垂下鱼线,愿者上钩而已。"而男人们津津乐道的是"以为是我勾引了你,谁知中了你的美人计"。

很多女性总是抱怨,为什么不停地付出,换来的却是男人冷漠的表情和更多的背叛?关键就在于她打破了男人主动、女人被动的情爱游戏规则,剥夺了男人征服女人的天性。

如果女人总想方设法取悦男人,满足男人的每个需求,男人不仅少了那层神秘感,还会在潜意识中要求女人:"你还可以为我付出更多。"长此以往,女人一味付出,男人一味索取,男人的主动性变为彻底的被动性,女人的爱情悲剧就不可避免地发生了。

聪明的方法是若即若离,让他可望而不可及,最厉害的一招则是始终让他求之不得。若即若离也好,求之不得也罢,其实就是在男性面前摆"迷魂阵",保持一定的神秘感,不让他一下子看透你。

女性朋友们不妨制造出一定的距离和空间,给他某种不确定感。让他花费更长的时间,更深入地关注这段感情,如同大树的根系深深地扎入大地,这样也是为你们将来有可能的婚恋生活打下稳固的基础。

　　恋爱就是一场攻坚战，势均力敌、攻守平衡才能动人心弦，有来有往的攻守过程才是其乐无穷的恋爱世界。男女双方在兵来将挡、水来土掩的较量和过招中增进了解、加深感情。如何让他在追求的过程中有成就感，在互动的情况下享受爱情的甜蜜，让感情不断升温？你需要防守有度，该矜持的时候要矜持，该热情的时候要热情，以守为攻、以退为进，激励对方保持不断进攻的态势，这才是"男攻女守"的核心目的。

　　万事万物就是这样相生相克，女人越柔弱，男人越刚强；女人越神秘，男人越好奇；女人越躲躲闪闪，男人越主动出击；女人欲拒还迎，男人反倒迎头赶上。有句话说得好：男追女，隔层山；女追男，隔层纱。但大多数男人不怕翻山越岭，因为中间的千难万险反倒让他们感觉到其乐无穷；纱很薄，大多数女人却不愿主动揭开那层纱，因为聪明的女人知道，神秘的面纱要由男人来揭开才更加惊心动魄，浪漫迷人。

3.真实的女人最可爱

　　一个集才情与美貌于一身的女子，完美可能只是形象的演绎，而在世人完美的概念里，率真也许只是生命轨迹的裸露。而非同一般的身世与优越的才华，常常处于众星捧月般的地位，难免会被宠爱甚至有被宠坏的嫌疑。但诚如梁思成所说，林徽因优秀但是脾气太急。这大概就是丈夫心目中对率真的一种解读吧，但不论怎样，梁选择了她的率真，并陪她度过了虽短暂但却精彩绝伦的一生。

　　不同于陆小曼的奢华与林洙的温柔，林徽因的率真更多是她生命本性的一种流露，是一种自然的美态。

　　在1923年一次学生游行示威中，梁思成被军阀的汽车撞伤。林徽因每天都会去看望他，并坐在他的床前给梁思成擦汗、扇扇子，还陪他一起读书。就是这样的动作让梁思成的母亲极为不满，因为当时二人尚未成亲，在今天再正常不过的事情，在彼时却明显有点"过火"，超出了那时道德观念与人文风俗的习惯。

　　梁母看到一个大姑娘家的，还没出阁，是不适宜出现在伤卧在床又衣冠不整的未婚夫面前的，身为一个大家闺秀应该极为矜持、含羞回避才是，如此袒露情怀，又成何体统呢？

　　然而这就是率真的林徽因，她丝毫不隐藏自己的性情，她的这一点获得了老爷子梁启超的高度赞赏，他很骄傲地写信给大女儿梁思顺说："老夫眼力不错吧！"兴奋之情溢于言表，显然，在这个维新派眼中，林徽因的率真不仅仅是个性的流露，可能还会有"革命"的情操在里面,大抵会有些妇女解放的兆头。由此,还引发出梁启超创新的婚姻观,而这个故事却将林徽因的率真展露无遗。

率真往往能让人看到自己最真实的一面,从而得到他人的认可,并对其产生好感。

当你想要和一个人交往或回想起一个人的时候,你多半首先想到的是这个人诚实与否。女人细腻的感情和害怕受欺骗的心理,更需要结交诚实的人。然而,一切事情都是以心换心的,就是你付出了真诚,对方才会真诚地待你。

所以作为女性的你,不妨在他人面前,把自己真诚的一面表现出来。

一个真诚的女性是值得让人尊重和欣赏的,在与你的交往中,别人可能正是因为你的这一特性,才决定与你成为至交,或正因为此,你才能在事业上一路畅通。

在女人的品质里,"真"占据了首要的位置。"真"是美的基础和前提,是一个女人魅力最重要的组成部分。真实、真诚、真心,一个女人具备了这几样特质,纵然是一字不识的乡野村妇,也有她淳朴原始的可爱,如棉布的拙朴粗砾,如山风的清新扑面,如那山野里遍天漫地的野花,自由自在地开放,该开花就开花,该结果就结果,该凋谢就凋谢,不矫揉造作,不扭捏作态,很自然,以生命赋予的最初的状态,呈现一份未经雕琢的天然古朴美。你欣赏也好,你忽视也罢,它都不会介意,而只是快乐地、竭尽所能地去绽放。

如果是养在玻璃房里华贵的牡丹花,也很好。它气度雍容,沉稳大气。任你多少人围观赞叹,驻足观望,它自从容优雅,宠辱不惊,不恃才傲物,不咄咄逼人。如牡丹花一般的女人,美丽的外表,渊博的学问,养尊处优的环境均不能掩盖她骨子里蕴涵的一份真,这份真令她的美笼罩了一层悲天悯人的光辉，犹如一个女神，手举圣洁的橄榄枝，把温暖、幸福和爱心在人间播撒，走近的人都可以感受到她的恩泽。

一个真实、真诚的女人，她本身就是上帝最精美的艺术品。她不需要会做诗，她本身就是一首诗；她不需要会做画，她本身就是一幅画；她也不需要气急败坏、急功近利地去争取"成功"，得到她的男人本身就是最大的成功。

不谙世事的真，青春年少的真，是天然本性，如一块未经雕琢的璞玉。然而，真正难得的是千帆过尽，沧海桑田之后仍未变色的一份真，是历经了种种困苦和伤害，仍痴心不改的一份真，是无论处于什么样的境地，浪尖或低谷，富贵或贫贱，都不曾泯灭的一份真。这样的女人，岁月已经将她雕琢为一块美玉，温润浑圆，毫无杂质。

真的基础首先是"真实"。一张美的脸，也许不是完美的、无懈可击的，但应该是真实的、生动的、充满灵性的。

与"真"相对应的是"假"。赝品就是赝品，哪怕不是收藏古玩字画的人，大概也都应该懂得真品与赝品在审美和价值上的区别。

真本是女人特质里最原始最自然的部分，像花本身具有的香味，珍珠本身所具有的光润一样，本来无需去学习，更无需去四处寻觅，大肆歌颂，只是，如今假的东西太多了，数不胜数的赝品充斥世界，那一份原本就蕴涵在女人生命特质里的真才显得如此弥足珍贵。

让我们保持一张真实的脸，哪怕不完美，让我们保持一颗真实的心，哪怕这颗心一时遭受世人的不解、嘲笑甚至鄙夷，在现实世界里跌跌撞撞、头破血流。但是，真金不怕火炼。赝品再闪闪发光，一遇风雨火焰，褪去了光彩夺目的外壳，便露出庸俗拙劣丑陋的本色，变为一堆破烂垃圾。唯有真实、真诚才具有恒久强大的生命力，才会在岁月的洗刷下越发光彩照人。

保留一份真,坚守一份真,你就是最可爱、最有魅力的女人!

真诚是要付诸行动的,而不是嘴上说说而已。好听的话每个人都会说,看一个人真实与否最重要的是看她为人处世的态度。一个人的行动往往能表现出她的内心,所以一切的伪装总有被别人看穿的时候,与其那样,不妨拿出一颗真心去换取别人的信任。

相关链接:

真诚地付出你的关怀并不是很难,最基本的有以下几点:

1.说话不要"拐弯抹角"

在和朋友交流的过程中,即使你和对方的意见和看法不一样,也不要隐瞒和掩饰,更不要随声附和,或者"拐弯抹角"。因为,这样不仅不利于和对方顺畅地沟通,还会给人不诚实和生分的感觉。

纵然是在指出朋友缺点和批评朋友过失的时候,也应该真诚而明白,这样不仅不会伤害对方的感情,反而有助于增进彼此的友谊和加深彼此的关系。

2.赞美但不要奉承

当朋友事业有成或者有什么高兴事时,在适当的场合和时间给予真心诚意的祝福和赞美,并与之共同分享快乐,但是千万不要认为所有的好听话都会受到欢迎。其实,一个人真正想从朋友那里得到的是善意的忠告和警诫,而不是华而不实的恭维话。很多人就是从别人说的话中来判断是否和对方成为朋友的。

3.安慰并给予实际的帮助

当别人遇到困难的时候,给予亲切的安慰和实际的帮助更能体现一个人的真诚。当对方心情不好或者遇到麻烦的时候,如果你说的既不是安抚和宽慰对方的话,也不是帮助对方解决问题的建议,而是些不着边际或者无关紧要的话，那别人肯定会觉得你是一个"事不关己，高高挂起"的冷漠者。你怎么对别人，别人也会怎么对待你，从此以后，你就不要指望别人会真诚地对你了。

4.站在别人的角度上思考

不要只想着从别人那里得到关怀，应该多为别人考虑。在你说一句话、作一个决定、做一件事情的时候，尽量站在别人的角度上思考一下，顾及别人的感受，衡量别人的得失。只有这样，你才不会伤害到别人，别人也会因此对你心怀感激，把你当做好朋友。维也纳心理学家爱佛瑞·艾德纳，在其著的《人生真义》一书中就曾说过："只有不懂得关怀别人的人，其生活才会面临真正的痛苦，甚至伤及他人。人类之所以充满失败，正是由这些人所造成的。"

如果你希望别人喜欢你，就必须真诚地付出你的关怀。

4.谈吐与修养最能征服别人

杨澜说："在与别人交往的过程中,谈吐与修养是最能征服别人的。"

作为妻子可以没有俊美的外貌,可以没有漂亮的服饰,但一定要有高尚的修养。这是一个女人最高贵的外衣,它不会因岁月的流逝而贬值,也不会因空间的变换而消失,它存在于女人的心里,是女人一生永远值得骄傲的资本。

一个女人,其优雅的谈吐获得某个人的认可或许并不难,但要得到更多人,尤其是水平很高的名人的认可,的确是不容易的。

林徽因的老朋友费慰梅是美国著名汉学家费正清之妻,她是研究东方古代艺术的专家,毕业于哈佛大学美术系,曾任美驻华使馆文化专员。她曾这样来形容林徽因:"她的谈话同她的著作一样充满了创造性。话题从诙谐的轶事到敏锐的分析,从明智的忠告到突发的愤怒,从发狂的热情到深刻的蔑视,几乎无所不包。"

优雅谈吐所散发出来的芳香,也不仅仅是知识与幽默的结合体,更多的是这个人个性与真情的流露,它包含着一些创造性与率真性在里面。

林洙在书中讲到:"其实,他们的现实生活十分艰辛。解放前清华的教工宿舍还没有暖气,新林院的房子又高又大,冬天需要生三四个约有半人多高的大炉子才暖和。这些炉子很难伺候,煤质不好时更是易灭……室内温度的高低冷暖,直接关系到林徽因的健康。

我转回身来,见到林先生略带咳嗽、微笑着走进来,她边和我握手边说:'对不起,早上总是要咳这么一大阵子,等到喘息稍定才能见人,否则是见不得人的。'她后面一句话说得那么自然诙谐,使我紧张的心弦顿时松弛了下来。后来我才知道,她这句话包含着她这一辈子所受的病痛的折磨与苦难。"

可见,林徽因的优雅已经超越了现实生活对她的束缚,虽然生活境况并不如人意,身体状况也是那么的不理想,但她依然坚持着积极的思维。

林洙很吃惊地看着她,她觉得再也没有见过比她更瘦的人了,但"她那双深深陷入眼窝中的眼睛,放射着奇异的光彩,一下子就能把对方抓住",仍旧是那样的气质不凡,优雅已然融入了她的骨子里,成为她生命的一部分。

林徽因这样形容感情:"如同两个人透彻的了解:一句话打到你心里,使得你理智和情感全觉到一万万分满足;如同相爱:在一个时候里,你同你自身以外另一个人互相以彼此存在为极端的幸福;如同恋爱:在那时那刻,眼所见,耳所听,心所触,无所不是美丽,情感如诗歌自然的流动如花香那样不知其所以。"她对世事的理解达到了一般人难以企及的高度,其谈吐也是经得起时间的检验的。

林徽因被后人喻为"一个人文符号",是"中西文化的完美融合"和"中国知识女性的杰出代表和光辉典范",她优雅的谈吐已被定格在历史的深处。

时间可以夺去女人的红颜,却夺不走女人经过岁月的磨炼焕发出来的美丽。而这份美丽恰恰就是女人经过岁月的洗礼而成就的高贵修养。修养是一种潜在的品质,有修养的女人不会随着岁月的流逝而失去光泽,反而会越发耀眼迷人。

修养背后隐藏的其实是一个人对待生活的态度，它是人生体验到极致的一种感悟，是人生感悟极致时的平静，也是更为简单而纯净的一种心态。有修养的女人懂得如何淡薄世事之后，才会内敛清心，做到高瞻远瞩。

那么有修养的女人是怎样的呢？

有修养的女人从不随心所欲、唯我独尊，她懂得善待他人、尊重他人；有修养的女人举止不轻浮，对人不刻薄，她懂得自爱，无论在工作、生活和爱情上，都能做到自信和自尊；有修养的女人绝不把自己的坏心情强加在别人身上，她懂得"己所不欲，勿施于人"的道理；有修养的女人言谈举止总透着一种优雅，含着一种知性的女人味。

很多女人在结婚前还十分注意提高自己的修养，懂得基本的家庭教养、社交礼节、社会规范，而一旦结了婚，就变得或邋遢或怠慢或懒惰或势利或泼辣，越来越像路边上与人吵嘴的泼辣大嫂。她们不仅在家里不修边幅，动辄引起家庭"暴乱"，还经常与邻居、路人发生纠纷；她们常常把音响开到最高，把嗓门扯到最大，丝毫不顾忌邻居的感受；她们常常对人尖酸刻薄，动辄加以粗话俗语；她们对老人和孩子也无法做到十分的爱心。

小芸和柏宁是一对恩爱夫妻，可是，这只局限于他们结婚后的头两年。之后，随着小芸怀孕生子，柏宁就发现小芸越来越不注意自己的穿衣打扮，常常蓬头垢面，衣服也不搭调。开始时，他还小心翼翼地给小芸提意见："我觉得你还是稍微化化妆比较好，你看之前你化妆的样子多好看啊！"但是，小芸却瞪着眼睛说："还化妆呢，我现在连睡觉的时间都快没了，你都不看我整天忙死了啊！"柏宁只能叹口气，对小芸的邋遢无可奈何。

有一天,柏宁正在楼下和人说话,忽然小芸穿着睡衣跑下楼来,头发也没有梳理,柏宁感到很没面子,赶紧借故离开了。

回到家,柏宁非常生气地对小芸说:"你看你现在成什么样子了,你在家不注意形象也就罢了,怎么能在外面也随随便便呢?"小芸却说:"这有什么,我又没光着身子出门。""你……"柏宁气得无话可说,只好随她的便。

只是,从此,夫妻之间再也没有先前的恩爱了。

这样的主妇也许在婚前会被人认为富有个性,但如果长此以往下去,恐怕没有一个男人能受得了。

因为这样的女人缺乏了一种女人本身所应有的东西——修养。

一个女人没有了修养,就像骨子里最动人的东西失去了一样,再也无法让人喜爱。

女人的容颜会随着岁月而改变,但是女人的修养却可以经久不衰。修养是一个女人保持魅力的基础,无论生活是贫穷还是富有,无论岁月是坎坷还是坦途,一个有修养的女人都能坦然乐观地对待身边的一切。她们懂得尊重他人、体谅他人、宽容他人,这样的涵养可以让一个女人即使到了老年依然保持高贵的身姿,拥有从容优雅的生活,得到他人的敬重和喜爱。

5.宽容善良，女人最有魅力的财富值

或许是因为过分吸引了男人的眼球，女人对林徽因有嫉妒心也属正常。实际上，任何一个取得成功或者生活在光环下的女人都会激起别的女人的忌妒心，因为她们做不到的事情，她做到了。

据说冰心的小说《我们太太的客厅》就是以林徽因家的"太太的客厅"为原型写的，冰心在小说中写道：

"我们的太太自己虽是个女性，却并不喜欢女人。她觉得中国的女人特别的守旧，特别的琐碎，特别的小方……在我们太太那'软艳'的客厅里，除了玉树临风的太太，还有一个被改为英文名字的中国佣人和女儿彬彬，另外则云集着科学家陶先生、哲学教授、文学教授，一个'所谓艺术家'名叫柯露西的美国女人，还有一位'白袷临风，天然瘦削'的诗人。此诗人头发光溜溜地两边平分着，白净的脸，高高的鼻子，薄薄的嘴唇，态度潇洒，顾盼含情，是天生的一个'女人的男子'。"

不难看出，作者字里行间充斥着讽刺与挖苦的口气，甚至连小孩子都不放过。林徽因的女儿学名叫再冰，小名正是叫冰冰，而小说中的女儿名曰"彬彬"，不知是天然的巧合，还是作者有意的安排。

不仅仅这样，冰心还在《我们太太的客厅》中写道：

"这帮名流鸿儒在'我们太太的客厅'指点江山，激扬文字，尽情挥洒各自的情感之后星散而去。那位一直等到最后渴望与'我们的太太'携手并肩外出看戏的白脸薄唇高鼻子诗人，随着太太那个满身疲惫、神情萎靡并有些窝囊的先生的归来与太太临阵退缩,诗人只好无趣地告别'客厅',悄然消失在门外逼人的夜色中。整个太太客厅的故事到此结束。"

小说的指向性非常明确,那就是"我们的太太",而且也不难看出,作者的情感是包含着一些羡慕忌妒恨在里面的。

那么作为被"讽刺"的女一号林徽因应该"以牙还牙",给予强烈地还击才是。但"我们的太太"并没有做出什么出格的行动来。

这显示了一个女人的胸襟气度,绝对不会在不该计较的事情上浪费精力,她显然并不是太在意那篇讽刺小说,或者说根本没放在心上。所以至今在这件事情上也没有她任何的负面描述,倒是那篇小说出尽了风头。

尽管冰心后来说,那篇明显带有讽刺意味的小说写的不是林徽因,而是陆小曼,但写的究竟是谁,已经不重要了,重要的是林徽因的宽大胸怀给我们留下了深刻的印象。

宽容和善良是女人最有魅力的财富值,宽容是一种非凡的气度,宽广的胸怀是对人对事的包容和接纳。女性的宽容更是一种高尚的品质、崇高的境界,是精神的成熟、心灵的丰盈。宽容是一种仁爱的光芒、无尚的福分,是对别人的释怀,也是对自己的善待。宽容是一种生存的智慧、生活的艺术,是看透了社会人生以后所获得的一份从容、自信和超然。

学会宽容能使自己保持一种恬淡、安静的心态,去做自己应该做的事情。整日为一些闲言碎语、磕磕碰碰的事情郁闷、恼火、生气,总去找人诉说,与对方辩解,甚至总想变本加厉地报复,这样会贻误自己的事业,失去更多更美好的东西。女人要想成为生活的强者,就应该豁达大度、笑对人生。有时一个微笑,一句幽默,也许就能够化解人与人之间的怨恨和矛盾,填平感情的沟壑。

学会宽容是一个女人成熟的标志。宽容的人常常表现出勇于承担责任的作风,如果一个人肯检验一下自己,就可以从失败和差错中找到自己应负的责任。一个人只有在心平气和的时候,才能保持清醒的头脑,找出失败的原因,采取克服差错的有效措施,以便更加努力地工作。

首先,宽容表现在处事上不愤世嫉俗、不感情用事。生活中,确实存在很多矛盾和困难:物价上涨、住房拥挤、人际关系紧张,还有这个"难"那个"难","难"得让人喘不过气来。诅咒、谩骂、生闷气都无济于事,只会给疲惫的身躯增加了几分新的负担。但只要你冷静观察就会发现,人们的生活本来就是苦、辣、酸、甜、咸五味俱全。在生活中,"看不惯"的很多,理解不了的很多,失望的也很多。但人的能力毕竟是有限的,愤世嫉俗不会改变事态的发展,不会使关系缓和。所以,首先应当适应事件的发展,在适应中发现"破绽",掌握改造的契机和应知应会的本质,而不是游离其外去指手画脚。这就是一种宽容的表现,人要顺利走完生命的旅程,就离不开宽容。

其次,宽容体现在对别人不苛求,"但能容人且容人"上。每个人都有自己的思维、工作方式、生活习惯,既有其长处,也有其短处。在社会生活中,人们总要同各种各样的人打交道。所以,为了生存和发展,为了事业的成功,我们必须习惯于人际交往,善于和不同的人,特别是同能力、天赋等各方面不及自己或脾气秉性与自己不同的人友好相处、协调共事。就是对于有各种各样的缺点和毛病的人,我们也应注意发现其所长,尊重其所长。

如果你只注意到别人的缺点,就很容易使自己陷入孤立无援的境界。相反,换个角度,多注意别人的好处,用理解、同情和爱心去影响别人,使他既能认识自己的缺点,又能心悦诚服地改正,你就会处处碰到信赖和爱戴自己的朋友,你的人际关系也会因此得到很好的发展。

给人面子,既无损自己的体面,又能使人产生感激和敬重之情;不计较小事,不苛求别人,会为你赢得更多的时间和精力。胸襟广阔,能容人容物是现代女性追求的境界,因为大度和宽容能给你带来太多的好处。

6.最是那一低头的温柔

最是那一低头的温柔，

像一朵水莲花不胜凉风的娇羞，

道一声珍重，

道一声珍重，

那一声珍重里有蜜甜的忧愁

——沙扬娜拉！

——徐志摩

显然，徐志摩这首诗是写林徽因的，他把才女比作一朵水莲花，而"娇羞"也是对她温柔的一种写照，诗中充满了脉脉温情与向往。虽然不是每一朵水莲花最终都能浮出水面，也不是每一朵水莲花都能和赞叹的眼神遇见，但徐志摩笔下的女主角却是幸运的。他们的"水晶之恋"曾经是中国现代文学史上的一件大事，到现在也是为人所乐道的经典故事。

最是那一低头的温柔，诗人眼中的"西施"生活在浪漫的国度，她胜似王妃，高过公主，他们的珍重里有蜜甜的忧愁，以至于后来的爱情故事都因之而黯然失色。此后徐志摩与陆小曼的结合看起来似乎成了一出悲剧，尽管也为人所津津乐道，但却远不及那一低头的温柔显得更加清纯和美丽。

一个扎着长辫的十六岁花季少女，小女初长成的样子，一个是长她八岁的已婚青年，怎么看都只是一段故事，只能出现在虚构的世界里,所谓相爱不一定相守,在他们身上是最好的演绎。

有人说,林徽因原先是不曾写诗的,她后来之所以写诗,是拜徐志摩所赐,而徐志摩先前也是不曾写诗的,在遇到林徽因之前,他的志向一直是哲学,他的诗人名号是林徽因给予的。两个都不曾写诗的人,因为彼此的相遇,因为一段温柔的呢喃,居然都有了创作的灵感。

林徽因为徐志摩写诗,但是却用诗拒绝了他的爱情:

我情愿化成一片落叶,

让风吹雨打到处飘零;

或流云一朵,在澄蓝天,

和大地再没有些牵连。

但抱紧那伤心的标志,

去触遇没着落的怅惘;

在黄昏,夜半,蹑着脚走,

全是空虚,再莫有温柔;

忘掉曾有这世界;有你;

哀悼谁又曾有过爱恋;

落花似的落尽,忘了去

这些个泪点里的情绪。

到那天一切都不存留,

比一闪光,一息风更少

痕迹,你也要忘掉了我

曾经在这世界里活过。

如果说林徐之间的相遇,让对方都有了写诗的激情与冲动,调动了他们诗人的神经和天分,而未惊动双方固有的生活与情感轨迹,那么这段故事可能只是文学素材而已。事实上,并无结果的他们,其中一个却当真了,徐志摩和原配夫人张幼仪离了婚,而另一个,只是品味了一下味道而已,林徽因和梁思成还是照常走得很近,她把温柔献给了梁思成,而把念想送给了徐志摩。彼时,林梁二人已到了谈婚论嫁的地步,徐志摩却还沉浸在那一低头的温柔里。

女人的温柔确实有着极强的吸引力,它可以令世间的男子甘愿俯首听命,甚至改变规划中的生活方向。

女人的温柔可以唤醒男人那颗冰冷的心,也可以让一个男人沦陷于爱情中不能自拔,甚至会让强悍的男人甘愿败倒在她的石榴裙下。如果,女人想要幸福也想要气质的话,那么就请你把自己的温柔发挥到极致吧,没有任何一个男人是不喜欢女人温柔的。

清秋是个典型的小女人,喜欢睡懒觉、爱撒娇、爱耍小性子,还爱抹眼泪。她都已经很大了,还和自己的父母撒娇,她妈妈总说她:"这么大了还像个孩子,也不知道改改,看以后谁还敢娶你。"

之后,清秋就结婚了,老公很是疼爱她,什么事情都依着她让着她。一天,清秋和自己老公回家了,清秋的妈妈看着女婿这样宠着自己的女儿,忍不住说:"真的没有看错,我们清秋能够嫁给你是她的福气,也不能什么事情都宠着她,该让她改的还是要改的。"然后就接着说了一堆清秋的"坏毛病"。

可是,清秋的老公却对她妈妈说:"妈,正是她这样才比别的女人更温柔,更有女人味啊!"清秋的妈妈看着女儿这么幸福,从心眼儿里替她高兴。

现在,虽然野蛮类型的女友让很多男人欣赏,但是如果真的让他们选择结婚的对象时,还是会有80%的男人会选择温柔的女人。如果你没有足够的能力撑起整个家庭,那么你还是温柔点吧,毕竟女强人不是那么好做的。在这个把婚姻喻为爱情坟墓的时代里,女人与其哀叹命运的不公,和处处防范着自己的男人,不如用女性的温柔来抚慰男人疲惫的心灵。

其实,女人的温柔不止是表现在语言上,而更多的是举止上面。比如,走路不再是风风火火的,坐下来不再像孩子时那么随便地跷起腿,笑的时候不再那么肆无忌惮等。

在《红楼梦》中,就是林黛玉的才情和娇弱的温柔,才会让贾宝玉那么痴迷。很多电影明星也都是如此的,也许在舞台上个个都气场强大,但是回家却个个一副温柔小女人的姿态。

所以,女人要懂得应用温柔,也要借机把自己的温柔发挥到极致。

一天,凌风在酒吧里和几个哥们儿喝醉了,也许是因为好长时间没聚了,差不多到了凌晨的时候,大家才散去。

凌风在回家的时候已经做好了被妻子处罚的心理了,也想好了说词。可是回到家中时候,妻子并没有像平时一样的大吵大闹,而很小心的伺候他睡了觉。第二天,凌风的心里很不安,于是就和妻子道了歉,而他的妻子也只是点头笑了笑说:"你还知道回这个家,心里有我这个人就好了。"

妻子一改平日的飞扬跋扈,很是让凌风吃惊,但是他更喜欢这样温柔的妻子。

有人说过:"温柔,但不要软弱。"女人在生活中,也不能把温柔发挥得太极致了,而让自己变的很软弱,这样的女人也是不会有人疼爱的。所以,女人要温柔但是也要有度,虽然偶尔哭几次也是温柔的表现,但是如果遇事就哭,而不去想怎么解决,那么也就转化为软弱了。

现实中,一纸的婚约是不可能一辈子守住一颗心的,也没有哪份爱情可以弥久常新。而女人唯一可以做的就是经营,经营自己的爱情,经营自己婚姻,这其中自然少不了女人的温柔了。懂得展现自己温柔的女人才是最有魅力的,也是颇具气质的。

7.用气质驾御一生的美丽

美丽是一个古老而有活力的词语,永不过时。但古往今来,多少美丽的女子获得了幸福?多少美丽的女子自在地绽放了自己的美丽?又有多少美丽的女子因美丽而葬送了自我?又有几个能像林徽因那样在绽放自己的美丽中收获幸福呢?

美丽是一种资产,但驾驭不了美丽反而会为它所累,甚至由于不懂得分辨情感或者被慕名而来的感情冲击到,荒废了青春,透支了幸福,到头来身心俱疲。

林徽因往自己的美丽里注入了丰富的血液,她的智慧、灵性、优雅等,都成了美丽的元素。她的美丽是一种姿态,是一种生活方式,是对自我和她所生活的世界的肯定与赞赏,她在她的有生之年绽放出了生命中全部的美丽,活出了完美的自我。

林徽因虽家境优越,但身处乱世,她有着强大的责任感与使命感,她并不追求物质生活的丰裕,也不图名图利,当然更不会自怨自艾,抱怨命运的不公,她的精神世界是美丽的。

上手术台之前,是她最脆弱的时候,因担心手术失败而意外离开,可是这时她还不忘记安慰亲人:"如果有点感伤,你把脸掉向窗外,落日将尽时,西天上,总还留有晚霞。"(《写给我的大姐》)

当她准备好与亲人诀别时,面带微笑,并没有一丝悲戚之感,反而将最后的美好寄托于晚霞的美丽,这样的美,无法不让人感动。

在这世上,恐怕没有哪个女子不想自己是美丽的,也恐怕没几个女子不希望通过绽放自己的美丽来留住男人的心,虽然不至于成为让无数男人膜拜的"万人迷",但至少让心爱的男人在下雨的时候能够为我们撑起一把伞,天冷的时候能够送给我们温暖,让他懂得呵护我们、疼爱我们。

美丽并不是浓妆艳抹,也不是花枝招展,而是懂得装扮自己,使自己的秉性气质相协调,做到内在与外表相统一。但这并不是说美丽不需要外在的装扮了,一身靓丽的衣服,一个时尚的包包,一双美丽的鞋子,一件精致的配饰,都是绽放美丽的方法,这些往往是我们个人自信和修养的外在流露。

美丽是女人的专属配置,每个年龄段都可以绽放美丽,透过美丽晒出女人的高贵与优雅,晒出丰富的内心、细腻的感情和优雅的气质。

如果说鲜花是用眼来看的,女人的美丽则是用心来品味的。美丽女人的身上一定有一种属于自己的味道,这种味道是我们个性的标志,总是给人以独到的回忆而令人回味无穷,就像一本内容丰富的书,让人越看越上瘾,越读越有趣,越品越有味。

在现实生活中,有相当数量的女性只注重穿着打扮,并不怎么注意自己的气质是否合乎美的标准。诚然,美的容貌、时髦的服饰、精心的打扮,都能给人以美感。但这种外表的美总显得短暂,如同天上的流云。如果你是有心人,则会发现,气质给人的美感是不受年龄、服饰和打扮的制约的。而且真正的美来自于气质。

女性真正的美主要在于特有的气质,这种气质对异性有着异常的吸引力。气质可以放大女人的生命力,能够给女人的生命以新的希望和活力。拥有气质,便获得了感染、影响他人的力量,获得了对生命的掌控力。气质所产生的力量要比美丽所产生的更强。

女性的气质之美表现在丰富的内心世界里。理想则是内心丰富的一个重要方面。因为理想是人生的动力和目标,没有理想和追求,内心空虚贫乏,是谈不上气质美的。

品德是女性气质美的一个重要方面,为人诚恳,心地善良,对爱情专一,是中国女性的传统美德,也是现代女性不可缺少的品德。一定的科学文化知识会使女性气质美大放异彩。因为科学文化知识既是当代女性立足社会之本,也是自身修养的一个重要方面。再说,女性的文化水平在一定程度上影响着家庭生活气氛和后代的成长。此外,还要胸襟开阔,法国作家雨果说过:"比大海宽阔的是天空,比天空宽阔的是人的胸怀。"

气质之美看似无形,实为有形。它是通过一个人对待生活的态度、个性特征、言语行为等表现出来的。气质美在举止上,一举手,一投足,待人接物的风度,皆属此列。朋友初交,互相打量,立刻产生了好的印象,这个好感除了言谈之外,就是举止的作用了。举止要热情而不轻浮,大方而不造作。

女性的气质之美还表现在温柔的性格上。这就要求女性注意自己的涵养,要忌怒、忌狂、能忍让、体贴人。那些盛气凌人、傲气十足的女性,会使大多数男子敬而远之。温柔并非沉默,更不是逆来顺受,毫无主见。相反,开朗的性格往往更容易表现内心感情,而富有感情的人更能引起别人的共鸣。

高雅的兴趣也是女性气质美的一种表现。爱好文学并有一定的表达能力,欣赏音乐且有较好的乐感,喜欢美术而有基本的色彩感等,都会使女性的生活充满迷人的色彩。

她们拥有这些,但并不炫耀。那些整日聚在一起滔滔不绝地讲述对高档时装的情有独钟,讨论高级护肤品牌的成效,炫耀自己出游的照片的女人是肤浅的。

亦舒的《圆舞》中,有这样一段耐人寻味的话:"真正有气质的女人,从不炫耀她所拥有的一切,她不告诉别人她读过什么书,去过什么地方,有多少件衣裳,买过什么珠宝,因为她没有自卑感。"

有许多女性并不是大美人,但她们身上却溢露着夺目的气质之美。让女人美丽的东西不一定与物质有关,但一定与其自身的素质有关。

真正美丽的女人,都是那些情怀柔软、善解人意、知书达理、不抱怨、不霸道、不势利的女人。

英国著名的唯物主义思想家培根说:"读书足以怡情……读史使人明智,读诗使人灵秀,数学使人周密,科学使人深刻,伦理使人庄重,逻辑修辞之学使人善辩。凡有所学,皆成性格。"

一个人要想把自己打扮得漂亮,打扮得可爱,就去读书吧,这是世界上一流的美容品。书让女人变得聪慧,变得坚韧,变得成熟。书使女人懂得包装外表固然重要,而更重要的是心灵的滋润。和书籍生活在一起,永远不会叹息。罗曼·罗兰劝导女人:多读些书吧,知识是唯一的美容佳品,书是女人气质的时装。

一个优秀的女人,仅仅拥有美丽的外表是远远不够的,更需要坚实的内在因素做后盾,这就是悠远的书香气息。

岁月无痕,娇颜依旧,这是古往今来每一个女性所追求的梦想。然而,谁也无法拦住时间的列车,也无法使自己的肌肤永远像少女一样娇嫩白皙。于是,用化妆来掩盖岁月之痕,便成为古今中外女性留住青春的重要手段。

其实,化妆只是一种精神上的自我安慰,化妆品美容的功效毕竟只能起到表面作用。女性的美不仅仅表现在肌肤的细嫩白皙上,更表现在气质和内涵上。于是,一些聪明的女性在充分认识到化妆品美容功效的局限性后,开始将心思用在了培养气质、丰富内涵上,因为这样的美才能愈久愈醇,永葆活力。

用培养气质来使自己变美的女子,比用服装和打扮来美化自己的女子,具备更高一层的精神境界。前者使人活得充实,后者把人变得空虚。而最完美的恰恰是两者的结合。气质美,至少蕴藏着真诚和善良。一个虚伪和恶狠的女人,很难想象她有什么祥和与美好。

几乎所有的女性都渴望自己在性格和外表方面,对别人具有更大的吸引力。那么,怎样才能修炼出良好的气质呢?懂得如何去发挥自己的优点及克服自己的缺点,便可使你魅力大增。

要接受自己的面貌——每一个人在性格或外貌方面,都有其独特的气质和优点。懂得如何加以发挥,便可增加吸引力。

对别人信任和关心——热诚与关怀,是最具吸引力的气质之一。对别人关心体谅,将会获得相同的回报。别人将会为此种气质而折服。

仪态端庄,充满自信——一个步姿洒脱、意气风发、充满自信的女性,最能吸引别人。

保持幽默——一个懂得在适当的场合和适当的时间展露笑容或开怀大笑的人,定能受到别人的欢迎。

不要惧怕显露真实情绪——不论什么样的喜怒哀乐、柔情蜜意,都不应加以隐藏。一个经常压抑、掩藏情绪的女子,会被视为冷漠无情的人,没有人会喜欢和一座冰山交往。

不要斤斤计较——女性在交往中,要心胸开朗,豁然大度,千万别小心眼、小家子气。不要为一点点小事就大动肝火,斤斤计较。

总之,一个气质优雅的女人,并不是上天的恩泽,而是后天修炼的结果。

第七章

在现实中追求纯美的浪漫

生活在现实中的我们都曾有过对美好情愫的梦想与追求，但结果往往不得不回到现实中，我们唯一能做的，就是像林徽因一样，在现实中追求纯美的浪漫，把握两者间的平衡。

1.诉求于浪漫与现实间的平衡

歌德说:"哪个少男不钟情,哪个少女不怀春。"生活在现实中的我们都曾有过对美好情愫的梦想与追求,我们或许幻想过梦中情人是"高富帅",幻想过他陪我们逛街时的种种,幻想过他如何为我们搭建浪漫的爱情小屋,也或许曾经想象过某个电影或电视剧里的男一号走进了我们的情感世界,甚至和我们一起建立了家庭。

幻想中的我们一定是自由自在的,但结果往往是"梦想很丰富,现实很骨感",我们不得不回到现实中。我们唯一能做的,就是像林徽因一样,诉求于浪漫与现实间的平衡,以达到我们自由自在的目的。

比如,我们渴望浪漫,最后却一定会步入婚姻的殿堂,不管我们的爱情结束与否,日子里一定是有"柴米油盐酱醋茶"的,一旦我们将身心都关注在锅碗瓢盆上,就永远不可能产生纯美的自在感。虽然我们立足于现实,但也可以超然于现实之上。我们姑且将柴米油盐视作一段段交响曲,把偶尔的争吵看作浪漫情感的润滑剂,在琐碎的事务中寻觅一份心灵的宁静。

有句话说得非常好:"如果你是正确的,那么你的世界也将是正确的。"所以,我们相信婚姻也可以是爱情的延续,一切都在于我们的内心,在于我们内心对事物的看法,只要我们的心是自在的,一切也都是自在的。

从1930年到1945年的15年时间,林徽因夫妻共同走了中国的15

个省,200多个县,考察测绘了200多处古建筑物,她把建筑形容为"凝固的音乐"、"石头的史诗"。

林徽因在考察中也会时不时地产生艺术创作的灵感,诗《山中》就是那时的产物,她写道:

紫色山头抱住红叶,将自己影射在山前,

人在小石桥上走过,渺小的追一点子想念。

高峰外云在深蓝天里镶白银色的光转,

用不着桥下黄叶,人在泉边,才记起夏天!

也不因一个人孤独的走路,路更蜿蜒,

短白墙房舍像画,仍画在山坳另一面,

只这丹红集叶替代人记忆失落的层翠,

深浅团抱这同一个山头,惆怅如薄层烟。

山中斜长条青影,如今红萝乱在四面,

百万落叶火焰在寻觅山石荆草边,

当时黄月下共坐天真的青年人情话,相信

那三两句长短,星子般仍挂秋风里不变。

这首诗,写出了一个身处现实世界的行路人却徜徉于自在自然中的感觉,那是一种纯美与现实之间的自在。

这是林徽因对纯美的看法和对一种唯美的向往,她的理解是深刻而有高度的。

我们都渴望爱情,也都更渴望纯美的爱情。但现实总是残忍的,圆满的事情一向难以持久。所谓纯美和纯浪漫,总是很难永久驻留的存在,如果它可以,或许就不叫激情了。但我们还是可以在生活中创造些许的小情调、小浪漫,将激情添置到婚姻生活当中。

你可以把亲手制作并享受美食当做一种浪漫;可以把音响打开

听着你喜欢的歌曲,收拾家务洗晾衣物当做一种浪漫;可以把和那个"不听话"的男人斗智斗勇,智取他占山为王当做一种浪漫;可以把在阳台上养些花草,闲来无事时浇浇水当做一种浪漫;可以把买一幅自己喜欢的油画,挂在家里欣赏当做一种浪漫;更可以把结婚纪念日、生日的时候,拉着老公去吃一顿大餐当是一种浪漫。

聪明的女人知道生活真正的样子并能欣然接受,再带着一颗现实的心去追求她们心目中浪漫美好的生活。懂得现实的生活不是让自己变得不感性,对生活失去热爱,做些家务刷几个碗怎么就让自己成了黄脸婆?重要的是,女人要在最普通的日子里感受到不同,在年复一年的重复中给自己找到乐趣,把日常琐事理顺,把夫妻矛盾解决,充满热情地将浪漫蔓延到自己婚姻的每一天。

2.遵循自己制定的生命路线去生活

一个优雅的女子,总能恰到好处地处理好各种关系与自己的各项事务,也总能守护住那个可爱的自我,遵循自己为自己制定的生命路线去生活。

主要从事女作家研究、女性文化名人研究的中国文化研究所研究员张红萍在《林徽因画传——一个纯美主义者的激情》一书中说:"当朋友们散去之后,她的音容、表情,特别是她的观点、见解,让朋友们感慨不已。下一次朋友们又会为她的魅力、见解吸引而来,这些聚会几乎成了朋友们的精神食粮,成为这个小圈子的生活方式。去徽因的客厅聊天,意味着单调生活的中断,新的活力和激情的注入。生活中的一点点涟漪,让人们回味无穷。这样具有激情、才华、创造力的女子,在中国四平八稳的传统社会中,就像夜空中闪亮的星星,让人景仰、愉快、幻想。"

张红萍又在书中写道:"……等到周末,她把自己一周的趣闻、生活经历、工作情况、思考所得出的思想、阅读书籍的内容和感受讲给朋友们听。她从来没有把自己的时间浪费在无聊的事情上,也没有因为需要抚养儿女、支持丈夫、操持家务就放弃自己的专业和追求;也从没有忘记过自己心灵的追求;也没有屈服于社会、他人的舆论而放弃自己的生活方式。当别的女人不由自主地接受传统思想的熏陶束缚自己时,当别的女人心甘情愿地接受社会现实的安排,安于在家相夫教子时,她有意识地挣脱了男权社会安排给女人的命运和角色。当她与中国最优秀的男子高谈阔论的时候,当她的足迹踏遍祖国的山山水水,当她流连忘返于世界名胜古迹,当她奋笔疾书的时候,别的女人做着传统的女性角色要求于她们的毫无创造性的事情,屈服于生活,或喟叹自己的命运。"

金岳霖面对采访者如此坦言:"我所有的话,都应该同她自己说,我不能(与别人)说,我没有机会同她自己说的话,我不愿意说,也不愿意有这种话。"这位默默爱了她一生的哲学家,对这样一个女子,有着太多太多的情愫,一个几近完美的形象,一直存在于他的内心深处。

林洙说:"我从梁家出来感到既兴奋又新鲜。我承认,一个人瘦到她那样很难说是美人,但是即使到现在我仍旧认为,她是我一生中见到的最美、最有风度的女子。她的一举一动、一言一语都充满了美感,充满了生命力,充满了热情。她是语言艺术的大师,我不能想象她那瘦小的身躯怎么能迸发出那么强的光和热……"一个优雅的女子是美的化身,她永远爱自己的生活,对生活永远充满热情。

学贯中西的林徽因总是根植于中国文化,从不崇洋媚外。她很早就在《窗子以外》里说过一句"洋鬼子们的一些浅薄,千万学不得",高尚的情操由此可见一斑。

而她身为一个建筑学家,却在文学方面有着卓越的成就,这的确是很稀有的。她一生主要有诗篇《你是人间的四月天》、《谁爱这不息的变幻》等几十首;短篇小说《窘》、《九十九度中》等;话剧《梅真同他们》;散文《窗子以外》、《一片阳光》等,遍及了多个领域。汪曾祺就曾称赞她:"她是学建筑的,但是对文学的趣味极高,精于鉴赏,所写的诗和小说如《窗子以外》、《九十九度中》,风格清泠,一时无二。"

这样一位女子,著作总量不大,但后人评价"几乎是篇篇珠玉",她在文学创作上,把灵性发挥到了极致。

　　"优雅"一词是对林徽因诱人的气质和完美的女性特征的最好诠释。林徽因这样一个优雅的女人，总是可以正确地认识自我，知道自己适合做什么，并按自己的人生之路去走，不为别人的鼓动而动摇。她有自己的信念和追求，能够勇敢地接受生活的挑战和责任；她很清楚自己的奋斗方向，并有与之相符的坚持不懈的行为。另外，她有自己的信念，乐观的情绪，生活的激情，能够勇敢地肩负责任，在困苦面前早点行动，遇到问题不会抱怨，更不会找借口，平静地接受现实变故，积极地战胜心灵孤独。

　　还有，林徽因把读书学习当做人生一个没有终点的精神之旅。她明白，即使身体一天天老去，汲取的知识和智慧会让她的心灵充盈。为了提升修养、成熟心智、丰富个性，她会选择独处，给自己留一点思考的空间。她有兴奋的情感、激情的精神，这些都值得我们学习和效仿。

3.为彼此设立一个美好的心理疆界

的确,两个人生活在一起,距离的把握是项技术活,两人的思维必须保持在同一个频率上才能获得彼此的和谐。

但这个距离,显然不太好把握。

"做她的丈夫很不容易。中国有句俗话,'文章是自己的好,老婆是人家的好。'可是对我来说,老婆是自己的好,文章是老婆的好。我不否认和林徽因在一起有时很累,因为她的思想太活跃,和她在一起必须和她同样地反应敏捷才行,不然就跟不上她。"这是后来梁思成谈论对林徽因的感觉。

梁思成说:"林徽因是个很特别的人, 她的才华是多方面的。不管是文学、艺术、建筑乃至哲学她都有很深的修养。她能作为一个严谨的科学工作者,和我一同到村野僻壤去调查古建筑,测量平面爬梁上柱,做精确的分析比较,又能和徐志摩一起,用英语探讨英国古典文学或我国新诗创作。她具有哲学家的思维和高度概括事物的能力。"虽说林徽因的节拍相对快了些,但她还是充分调动自己来维护和丈夫之间距离的和谐感,她做到了,并得到了他高度的认可。

做为两个个性完全不同的人,林徽因热情、要强,富有个性,情绪有些极端,梁思成稳重、冷静、低调,懂得沉默。一个像一团烈火,一个像一汪清水,本来是有些水火不能相融的,但他们通过共同的志趣和对彼此真诚的爱,将他们的个性完美无缺地融合在一起。

两人在野外的工作中,是不可以少了林徽因的,否则梁思成会觉得浑身不舒服。他在给林徽因的信中说："你走后我们大感工作不灵,大家都愉快地回忆和你共处工作的畅顺,悔惜你走得太早。"是的,他早已习惯了身边的她,她必须处在他一转身的距离,不然的话,就会"六神无主"。

距离的确也是需要经营和精心打理的, 虽说是距离产生美,但也要合适的距离,很多时候距离太近反而双方受伤,而距离太远,让对方转身的时候找不到,又怎能产生美呢?

由于我们生活的环境不同,接受到的资讯信息不同,也就有着不同的情感取向和价值观,作为独立的个体,其实不管男人女人,每个人都有自己独立的空间,也都有一些存在于内心深处不想与他人分享的人生经历及感受,彼此之间的距离可以说在一定程度决定了两人相处的幸福指数。

所以,夫妻之间应该有适当距离才好,唯有把握好相处的距离,才能互相包容对方身上不同的素养、性情、爱好、观念、习惯和其他所有的差异,同时又能维护良好的感情。

4.打开心门,爱情不是等来的而是找来的

太多的时候,我们不缺物质的恩赐,少的是心灵与精神上的抚慰,而当越来越多的人朝着物化生活行进时,人们在心理的层面上也会越来越多地选择矜持与沉默,为了不使自己受伤,那就只好把自己隐藏得很深很深,有时深到连我们身边的人也感受不到我们真实的存在……

当林徽因在美国留学遇到情绪低落的时候,她会发一封电报给大洋彼岸的大诗人徐志摩,向他倾诉自己的孤单与苦闷,并且会在电报中说,只有他的话语,才能让她真正感到安慰。徐志摩听闻此言,自然是欣喜若狂,总是立即丢下所有的事情,甚至熬夜写下含情脉脉的文字,并赶在第一时间冲到邮局,恨不得飞似的把信发到林徽因手中。

邮局的工作人员看到此景,也是吃惊地不知说什么才好,人家告诉大诗人,就在那一天,早在他之前,已经有好几个人给林徽因拍电报了。徐志摩更是感到不可思议,当他查阅名单,才发现在他前面给美女发电报的,没有一个是他不认识的,后来才得知,所有人都收到了同样的来信,还有同样的内容。

同时复制好几封信,在同一个时间,发给不同的人,她可以收到不同人的慰藉,林徽因的率真就是如此表露的,表露得如此真实,她似乎根本无法容许自己受到哪怕是一点点的不愉快,这也许有点近

乎自私的地步。

　　抗战期间,林徽因曾在写给沈从文的一封信中说:"我独自坐在一间顶大的书房里看雨,那是英国的不断的雨。我爸爸到瑞士国联开会去,我能在楼上嗅到顶下层厨房里炸牛腰子同洋咸肉,到晚上又是在顶大的饭厅里(点着一盏顶暗的灯)独自坐着(垂着两条不着地的腿同刚刚垂肩的发辫),一个人吃饭一面咬着手指头哭——闷到实在不能不哭!"这是她十六七岁在欧洲的生活画面。

　　林徽因说:"理想的我老希望着生活有点浪漫的发生,或是有个人叩下门走进来坐在我对面同我谈话,或是同我同坐在楼上炉边给我讲故事,最要紧的还是有个人要来爱我。"一介才女"希望着生活有点浪漫的发生"一点儿也不过分,也是人之常情,她还希望"有个人要来爱我",这样的率真使女主人公显得更加可爱与楚楚动人。

　　爱情不是等来的,要告别畏畏缩缩,脱掉瞻前顾后,大胆坦露自己的心思,打开心门,敞开心扉,让更多的人看到我们真实的自己,爱才会常伴我们左右。

　　很多女孩,都不是妖艳的罂粟花,也不是浓烈的曼珠沙华,她们只是空谷里寂寞盛开的梨花,想要努力地盛放至最美,以同样激烈的绝美报复那些绝望等待的青春,那些仓皇无助的失落。可是无论如何的心有不甘,她等待的那个人就是迟迟不肯到来,或者已经成为曾经沧海难为水的错过。

　　也许,痴情并不是天生的,只是苦苦等不到那个能点燃爱情火焰的人,或者是点燃爱情火焰的那个人已经消失在了茫茫人海里。

　　很多女孩都有过像紫霞仙子那样的梦想"我的意中人是一个盖世英雄,有一天他会踩着七色的云彩来娶我",很多女孩也都会很狂

热地喜欢上席慕容的《一棵开花的树》:

> 如何让你遇见我
>
> 在我最美丽的时刻
>
> 为这
>
> 我已在佛前
>
> 求了五百年
>
> 求它让我们结一段尘缘
>
> 佛于是把我化作一棵树
>
> 长在你必经的路旁
>
> ……

因为她们都曾寂寞地等待过。可是,等待在大多数时候都只是一场迷人的痴幻,很少有人的爱情是可以等待来的。倒是很多女孩都在春去秋来的等待中慢慢消逝了容颜。人类的生命是很短暂的,稍不小心,一生就这么过去了。女孩如花的青春也是非常短暂的,没有谁真的能像那棵开花的树一样等上好几百年。

女人如花花似梦,很多女孩的青春就是在这种如梦如幻的等待中慢慢消逝的。

人终有一天是要面对现实的,早一天面对比晚一天面对痛苦要少很多。这就是为什么不沉迷于梦幻的女孩最终会比沉迷于梦幻的女孩早结婚的秘密。

有位韩国作家劝女孩子们千万不要相信和沉迷于小说、电视剧、电影,因为那些情节大部分的确只是作者和编剧们为女孩子们编织的一个关于爱的梦幻。艾米莉·勃朗特没谈过恋爱,但是她的《呼啸山庄》却以荡气回肠的笔触震撼了多少人的灵魂?

至今为止,还有很多女人相信:爱情,不要去找,要等。铁凝等到了50岁,终于遇到了要嫁的人,但你能安心等到50岁吗?且不说,那个时候有多少年轻女孩等着跟你争呢，咱们没铁凝的才气，也没人家的大气，何必非要把自己置于风口浪尖？

好的爱情，不是等来的，是找来的。

爱心叮咛：

其实，机会是可以制造出来的。掌握一些技巧，试探他一下，早一点明白他的心思，让爱情来得更顺利吧。

首先，了解他是否真的生性腼腆。

这点很重要，或许他根本就对你无意，你却误以为他是性格内向而不好意思表白，那很可能会表错情。也有一种男人，看上去开朗大方，和人交流爽朗自如，但在某个女孩面前，却腼腆害羞，这说明他对这个女孩有意思。

其次，了解他是不是对你有意。

女孩一般都敏感，凭着这种"第六感觉"，通常能感觉得到男性对自己的真实意图。如果他对你完全没有那种感觉，你的"制造机会"只会给自己带来尴尬。了解他的真实意思，可以从平时的细节中观察出来。

以上两点都确定了，就开始你的浪漫之旅吧。但是不要忘了，在给他制造机会的时候，要注意一些问题。

感情表达一定要自然

感情还是真实自然为好，千万不要做作虚假，否则很可能会弄巧成拙。或许他本来对你有好感，却让你的做假给"做"没了。

把握好火候与分寸

不要明知道他喜欢你，还赤裸裸地质问他："说，你是不是喜欢我？不要紧，喜欢我就大胆地说，说'我爱你'。"或者大胆地拦住他，说"我知道你喜欢我"，然后再赤裸裸地主动给他一个香吻。这样只会把他吓跑或把他对你的好感骤然降低。记住,心急吃不了热豆腐!

分清主次

不要把给他制造机会搞成了主动进攻追求他,这是两回事。知道他爱你,再不动声色地给他制造表白的机会,而自己,依然要享受被追求的快乐。

延伸阅读:

优雅女性60条

"你想做个优雅女人吗?"如果用这个问题去问每个女人,得到的回答一定是肯定和明确的。事实上,"想"字并不像回答得那么简单和轻松,"想"的后面需要紧跟着一项"艰苦"的工程,这项工程需要女人用一生的时光来完成。

(一)

书籍是女人永恒的情人,不弃不离,始终如一,它永远都在奉献,从不求回报。书籍是女人永远的护肤品,没有失效期。它不但护肤而且护心。对女人来说,世界上内外兼护的东西唯有书籍。书籍还是女人保持自己魅力的法宝,一个和时代同步的女人,肯定是一个爱读书的女人,她从里到外都散发着迷人的风采。

(二)

每一个女人都应当经常问自己:我是谁?我想从生活中得到什么?一个已婚女人如果想在丈夫和孩子之外还拥有属于自己的目标,这是女人最好的结果。女人不应仅仅属于家庭,她首先要属于自己,然后是家庭,是社会。这样,女人的生活才是最完美的。

（三）

家庭绝不应该是一个女人的终点，应当是女人的加油站。当自己的爱情、亲情、友情都能满足的时候，女人身上会迸发出超人的毅力，促使她去完成她生命中的另一次飞跃，那就是超越自我的束缚，为社会、为人类去创造属于自己的神奇。

（四）

女人是听觉动物，喜欢甜言蜜语。男人是视觉动物，喜欢用眼睛恋爱。任何一个能说会道的男人都容易将女人俘获。当过起日子的时候，女人才发现说得好听，远远没有做得好看更让人舒服。

（五）

爱一个男人，女人会朝思暮想：看天，天空有爱人的影子，望水，水中有爱人的倒影。她把爱人幻想成白马王子，幻想成无所不能的英雄。爱上一个女人，男人绝不会放弃他眼中的比较：这个女人更好看一点，那个女人更漂亮一些。朝秦暮楚是男人的本性。

（六）

女人总是天真地向往天长地久的爱情，尤其是有情人终成眷属之后，总想男人会让自己一成不变地幸福下去。可世上哪有这样的事情啊！世上变化最快的就是婚姻中的男人。女人一定要有这样的思想准备：男人变，你也要变，只有变化才是这个世界上永恒的事情。只有在变化中，女人才会明白生活中的许多真理。女人往往把独立和撒娇对立起来，仿佛独立的女人就不应该撒娇，其实是大错特错了。独立是女人的社会身份，撒娇是女人的人性本色。女人不像个女人，你有再多的成功，挣再多的钱又有什么意思呢，男人是不会喜欢这样的女人的。男人不喜欢，女人不幸福，就会恶性循环下去。在婚姻中，女人感受不到幸福还有什么成功可言呢？

（七）

做一个有价值的女人，是女人一生永恒的目标。它不会因暂时的成功而忘乎所以，它像一个方向，指引着女人永远向前。成功只能是人生的某一个阶段的标志，价值却涵盖了人的整个一生。停留在某一阶段的成功上，人很快就会感到无聊、没有意思，而价值的追求却让人永远年轻。

（八）

女人一生中最重要的两个时期，一个是青春期，一个是更年期。这是女人最重要的两个阶段，一个是在为花开做准备，一个是在为凋谢做铺垫。这两个点连成了女人的一生。青春期的烦躁，无名的冲动是花开前的艰辛，等待的是花开的艳丽和芬芳。更年期给女人带来的痛苦却很沉重，潮热、烦闷、失眠等身体各个部位的不舒服，让人生充满了沉闷的调子。如若自己不能调整好的话，真是刹那间的花开，长时间的凋落。"花向枝头别，人向岁月忧"，是女人人生永恒的痛苦之所在。

（九）

人世间所有的爱情都是有期限的，天长地久只能是一种幻想。在爱情燃烧的日子里，让自己充分地燃烧，充分地去感受那份爱情的美丽，并将这一段美丽的时间永久地定格在自己人生的影集里，以供自己在未来的人生中长久地把玩。这是女人的一生唯一能够做到的事情。世界上没有一样东西能为爱情保鲜。

（十）

婚姻中的女人一个很重要的作用就是对丈夫和孩子的教化。当然，这个女人一定是要学识不在丈夫之下，其他条件也能和丈夫比肩的情况下才有可能进行的。欲轰轰烈烈地改造丈夫的女人是愚蠢的，聪明女人是在丈夫舒舒服服愿意接受的情况下才会说出自己的意见,这是需要智慧的。女人首先要把丈夫研究透彻,再对症下药,才有可能起到作用。能对丈夫起到作用,对孩子的作用就不在话下,当然,儿童心理学要学得好,他们毕竟不是一个年龄阶段的人。女人能否是个好学校,关键是女人的综合素质以及管理能力的大小。

(十一)

大多数的女人是没有沉鱼落雁之美貌的。外在的东西是父母给的,谁都没有办法改变。成为女人,外在美是日常生活中很重要的一个问题。不论外在美还是不美,女人一定要爱美,爱美才使女人活得像一个女人,爱美才能使自己平凡的面孔生出一些不平凡来。爱美的女人决不会是个懒人。世上没有丑女人,只有懒女人。懒,是女人最大的缺陷。

(十二)

所有的女人应当庆幸,上帝没有给我们想要的一切,当一个女人拥有了所有的一切的时候,她就失去了感受幸福的能力。一个丧失了感受幸福能力的人,生活对她来说就没有了任何意义。每当我们对生活不满的时候,这可以是安慰我们的最好的理由。

(十三)

再没有比一个女人关注自己的灵魂更为重要的事情。只有灵魂的安宁、平和才能感受到幸福到来的滋味。只有灵魂的充实和丰满才能发现生活的美丽和生命的宝贵。关注灵魂应当是女人一生比关注容颜更为重要的事情。

(十四)

婚姻中,女人的独立是有条件的,尤其是怎样把握好平衡关系,是女人一定得掌握好的一门学问。一般说来,婚姻中的平衡度是不好把握的,女人若太过于独立,会让男人找不到感觉,女人太不独立又会让男人感到太累。所以,独立的女人在实际的生活当中,一定要有些女人味十足的东西，来作为平衡夫妻之间关系的一个法宝，这是女人与生俱来的性别特点所决定的。做一个既独立又在某些方面依赖男人的女人，才能使婚姻能够平稳地向前迈进。

（十五）

婚姻把男人和女人做成了合订本。其实，最好的婚姻是男女应成为有内在联系的单行本，表面上要互相独立。婚姻当中的双方都要学会克己，因为从两个人开始恋爱的那天起，就决定了他们之间必定要互相影响对方，完善自己，修正各自的个性和生活习惯。各人有各人的天地。空间是让婚姻有新鲜空气流通的最好的办法。有了空间，婚姻就有了成长的天地，能够成长的婚姻才是最好的婚姻。女人的青春期一过，就会进入像秋天一样静美的成熟期。一个成熟的女人像成熟的庄稼一样，在美丽平静的气氛中发出甜美的芳香。

（十六）

让皱纹迟到，让青春不老，是每一个女人心中的梦想，但这终究是梦想，让青春不老的法宝是：让自己的心态年轻起来。

（十七）

当一个女人把爱情当作人生的奢侈品，有，最好，没有也能活的时候，她就得到了人生的真谛，就不会再为那流逝的爱情而整日泪水涟涟。女人啊，与其抱怨生活，不如自己先活出精彩来。

（十八）

婚姻的相处是一种艺术。男女双方有知识、有文化，并不代表他们会经营婚姻。婚姻是要经营的，不会经营，就会有人生的亏损出现。没有孩子还好，有了孩子，直接的亏损就在孩子身上体现出来。

（十九）

"把爱人当外人"是一种婚姻智慧。当女人把自己的事情自己做，当成一种习惯，把丈夫当外人一样尊重、理解，当外人一样展示自己的智慧和美丽之后,适度的撒娇和依赖才会有所附丽,才会有婚姻的相对牢固。

(二十)

用自己的智慧去获得男人的爱,是女人经营婚姻的一大法宝。男人需要女人,不需要一个只会干活的仆人,不需要一个只有漂亮脸蛋的雌性,不需要一个什么都不会的笨蛋,不需要一个只会提供给他帮助的老妈,不需要一个只会发号施令的上司,不需要一个唯命是从的奴隶。女人一定要了解男人的这些需求特征,全力打造自己多方面的能力,让自己的能力不是一种,而是许多种。真正的好男人需要的是能和他相濡以沫,思想、智力、能力等各方面都能相称的女人。这样的女人才能给他真正的幸福。

(二十一)

"不能吃免费的午餐",应当作为每一个女人告诫自己的座右铭。因为吃了免费的午餐,付出的代价也就格外沉重。女人一定得很早就要明白这个道理。很多女人在年轻、姿色尚可的时候,不是把精力用在学业上,而是到处抛洒自己的精力,光想有免费的午餐,这种幼稚做法的后果是,人到中年时,自己流泪自己看,自己伤心自己知。

(二十二)

不爱自己的上司,对年轻的女人来说是一种智慧。能在工作中做到管理位置的男人,一定是很有智慧的男人,他难以控制的是对自己本性的把握,对年轻靓丽的女性会有好感,会有意接近。年轻女性可能把握不住自己的感情,把上司的好感当成了爱情,到最后只能是毁了自己。

(二十三)

优雅地变老是女人需要一生来学习的课程。尽管岁月给了你满脸的皱纹,却夺不走你眼中的睿智和善良;尽管岁月给了你满头的白发,却挡不住你把灵巧的双手伸给需要帮助的人。岁月可以夺走你的一切,却夺不去你那颗宽厚、智慧、纯真、善良的心,它只能把你变得一天比一天优雅。当优雅成为了习惯,在逐渐老去的路途上,女人会走得更加从容,更加美丽。

(二十四)

女人的魅力是女人的护身符,它是比美丽更有价值的东西。女人的美丽会因岁月的漂洗而褪色,花开花落终有时,而女人的魅力却会因岁月的淘洗而放出耀眼的光华,会因岁月的深藏而散发出醉人的醇香。

(二十五)

物质上简单生活,灵魂中却有繁杂要求的女人,一定是一个不同寻常的女人。在这样的女人身上蕴藏着极大的能量,因为她知道什么可以放弃,什么必须坚守。

(二十六)

自己赚钱买花戴应该是女人的一种人生境界。经济的独立,是女人保持自己内心从容的一个根本保证。如果连这种能力都不具备,其他方面的能力也不会强到哪里去。

(二十七)

女人的品位是从书香中熏染出来的。现在女人亲泽书香已不仅仅是纸介质了,各种电子读物的出现为女人掬书香而浴提供了极为便利的条件。女人若有"三日不读书面目可憎"的思想高度的话,女人的品位一定能大大提高。除了书香,女人的品位也是被各种艺术作品熏陶出来的。经典的艺术片、古典音乐、歌剧、舞剧、话剧、音乐会等不同门类的艺术品,都会给女人的灵魂以滋养,久而久之,女人优雅的品位就会自然生成。

（二十八）

尽管岁月是女人的天敌，但最美的女人往往是经过岁月之刀雕刻过的。经过岁月之刀雕刻过的女人，才会有真正的聪慧，才会生成自己独具的内在气质和修养，才会有自信，才会有岁月遮盖不住的美丽。这是从内到外统一和谐之美丽，是岁月无可奈何之美丽。

（二十九）

能够让爱长久的，不是男人的诺言，而是女人的信心。自信的女人总能掌握着婚姻这条船往上游奔去。

（三十）

女人若把自己怕老的心情，转化成用各种知识来武装自己的激情，成熟的风韵就会在你的身上显露。此时的你，恰如枝头圆润的果实，散发着诱人的甜香。

（三十一）

婚姻外的每一个人都是只有一只翅膀的天使。走进婚姻，是为了找到自己的另一只翅膀，以便相互扶持，振翅高飞。寻找另一只翅膀的过程是因人而异的，但找到了翅膀就不要轻易折断它。因为再接上的翅膀是残缺的，也飞不高、飞不远。

（三十二）

当你发现一个爱你的男人去爱了别人，应该选择义无反顾地离开。号啕大哭是最无能的表现。痛是巨大的，但要在无人知晓的地方悄悄地流泪。能够擦干眼泪，满脸笑容地面对生活的女人，内心是强大的。对这种女人来说，男人的不爱只是一种小伤，或者说是一种预料之中的伤害。

（三十三）

女人一定要自立，靠自己才是生命唯一的途径。

（三十四）

一个人的幽默感就像是装上了减震器的汽车一样,能使坎坷的人生之路变得平坦。没有幽默感的人,生活路上的每一块小石头都足以让车身摇晃。女人的幽默感更显得重要,因为女人生活中的琐事太多,容易受到的伤害也更为繁杂,幽默感能让女人从繁杂的事务中解脱出来,是女人解放自己的一种良好的方式。

（三十五）

爱上年龄小的男人的女人一定要小心。因为小男人在婚姻中会把自己身上所有的优点都淡化,把所有的缺点都放大。最终受苦的只能是比他大的女人。

（三十六）

很多受过爱情打击的女人不再相信有爱情的存在了,结果让自己陷入另一种痛苦之中。无论如何都要相信世界上是有爱情的。不相信爱情的存在,会使人变得极为绝望,生命就失去了本源的力量。相信爱情而不迷信爱情是一种最为客观的态度。因为迷信爱情会丧失自己存在的意义。

（三十七）

不要因为一个男人伤了你的心,你就回避所有的男人。不要害怕上男人的当,一次两次,你总会积累起经验,和一个真正爱你的男人牵起手。女人一定要相信世上总有一个男人在和自己对应着,只是找到的时间不一样而已。

（三十八）

外遇是一面镜子,照出了婚姻的缺陷和人性的弱点,也照清了婚姻的发展方向。外遇是双刃剑,给了当事人痛苦迷茫的折磨,也给了往婚姻中注入新的动力的勇气。

（三十九）

好女人一定是聪明博学的，这样的女人才能为婚姻注入永不衰竭的动力。

好女人是懂得修饰自己的。得体的修饰会和她丰富的内心相映成趣，绘成一道亮丽的人文风景。

好女人懂得语言的魅力，恰到好处的幽默风趣，会激活生活中的呆滞。

好女人追求爱情但不痴迷于爱情。爱情永远只是她生活中的一部分。她知道，只有爱情、亲情、友情的相加，才会给她完整的情感世界。

好女人懂得用各种方式来调节自己的生活，读书、听音乐、旅游、运动、聊天、购物——用多种多样的方式把自己的生活打扮得五彩缤纷。

好女人会勤俭持家，该花的钱能花得恰到好处，该省的钱能够省下来，用到急用的地方。适当的勤俭会让女人变得更美。

好女人会相夫教子。对丈夫用成长学鼓励，对孩子用教育学指导，因材施教，把家庭建设成生机勃勃的学习型乐园。

（四十）

婚姻就像铺就的水泥路，隔上一段就要留出一条缝隙来，不留缝隙，路面很快就会膨胀起来，膨胀过的路面很快就坏掉。没有距离的婚姻最容易出现问题。

（四十一）

婚姻中的女人一定要学会爱自己，才能更好地保全婚姻，自己无尽的奉献，是换不来丈夫对你的爱的。爱自己的方式可以是独自去旅游，把家里该做的一切都留给丈夫去做，让他尝试一下管家和照顾孩子的滋味。可以躲起来去读自己早就想读、一直没有时间去读的最有意思的图书。可以去买自己早就想买、可就是舍不得买的时装，穿上美丽的时装，既美丽了自己的心情，也美丽了他人，何乐而不为——女人爱自己的方式有许多种，就看女人自己如何去发现。

（四十二）

真正的暗恋不在乎是否拥有，只专注于品尝那得不到的苦痛的滋味，如一杯醇厚的酒，只在无人知晓的孤独的深夜，独自把玩。真正的暗恋永远说不出口，也永远不希冀能够得到。

（四十三）

男人关于爱情的心思就像一面扇子，能够覆盖自己的妻子百分之五十就是烧高香了，其他的他们都用自己的雄性理论消耗掉了。作为女人不能不知道这样的真相。知道真相后的抉择，取决于女人自己的生活态度。

（四十四）

一个聪明的女人学习知识，可以变成一个很聪明的女人。一个聪明的女人继续学习知识，不间断地完善自己，她就变成了一个女性天才。天才无论干哪一行，都会干出神奇来。

（四十五）

女人四十岁以后拼的是气质，没有内在美的支撑，这个年龄阶段的女人真的成了一道不堪入目的风景。为自己四十岁以后做准备，应当是每一个女人必学的课程。这个课程的主题是：知识和文化的力量。只有它们是可以超越岁月的，其他的统统会被岁月所打败。

（四十六）

和平年代里，爱情成了标准的人生之本。艳遇是每个男人心头挥之不去的好梦，现代生活中，传媒业的发达和女性的聪慧，往往会让男人知道最终的后果。但男人仍像飞蛾扑火一般扑向艳遇，这是本性使然。

(四十七)

女人要学会为自己丈夫的成功鼓掌,除了鼓励、赞美、肯定的表扬,更多的是鼓掌,让他找到再次奋进的动力。如果男人成功了,女人仍像温吞水一样波澜不惊,倒霉的只能是女人了。

(四十八)

失望也是女人的一种幸福,因为失望说明你曾经有过希望。没有希望的人生真是如漫漫黑夜,见不到一点亮光。女人宁可要失望的痛苦,也不要没有希望的幸福。

(四十九)

我们为什么会因夕阳下携手而行的银发伴侣万般激动?因为我们看到了令人激动的爱情雕像。几十年的风雨里,他们有过争吵、有过怨恨、有过宽容——他们经过了人生要经过的一切,却毫发无损手挽手地走过来了,一直走到了他们生命的暮年。他们是活着的不被岁月击败的爱情!

(五十)

每个人的人生都是一场马拉松。对女人来说,有一份心仪的工作,是第一个百米成功;找到如意的丈夫,是第二个百米成功;孩子出生,是第三个百米成功。几个成功绝不意味着一生的成功,还有许多目标在前方等着,等待着女人一个一个越过。女人的一生是不断超越自己的马拉松。

(五十一)

女人趁自己年轻的时候,一定要培养多方面的兴趣,一是利于家庭建设,便于营造出好的家庭氛围,二是给自己中年之后找一条出路。女人中年百事哀,如果有多方面的兴趣,会使自己很快从忧郁状态中走出来,积攒更多的力量去为自己创造一个光明灿烂的晚年。人生是需要谋划的,女人更是需要。

(五十二)

饱有幸福的感觉是每个婚姻中的女人都极力追求的。简单说来,只要做到"五有"、"三不",就能让幸福的感觉时常环绕着自己。有一份喜爱的工作,有一桩美满的婚姻,有一个聪慧的孩子,有几个工作之外的乐趣,有两三个知心的朋友;不懒、不贪、不烦。

(五十三)

灵魂不能和灵魂集合在一起。世界上任何一个灵魂都是一个极独立的个体,再大的力量也难把这些灵魂放在一个集合里。

(五十四)

一个女人孜孜追求的应是,当老年来到的时候,尽管不再有姿态的婀娜、容颜的美丽,却能安享内心的丰富。丰富的内心对步入老年的女人来说是一处最美丽的风景。这片风景是生命年轻的时候留下的财富。女人啊,趁年轻为自己积攒财富吧!

(五十五)

女人最怕爱人把自己当作爱情遗物似的一天天毫无激情地过下去,可任何一场轰轰烈烈的爱情之后的结局概莫能外,任何一个女人的命运亦如同一个模式。痛苦、烦闷、怨天尤人都是没有用的。唯一的办法是女人自己要把自己从里到外地美丽起来,美化自己身为女性的生命,别无他法。

(五十六)

所有的女人应该明白,婚姻生活只是自己生活的一个层面,绝不是生活的全部。不把婚姻当作生命的唯一,才能保有良好的心态。一旦婚姻出现了问题,既能有良好的姿态来处理问题,也能保证自己的心理不会受到太大的伤害。

（五十七）

女人每天一定要有几个小时的独处时间，让自己的身体、心理、思想都有一个放松和调整的机会，这是给自己提供全面营养的时间。可不要小看这段时间，这是保证自己有良好状态的必要条件。

（五十八）

做一个乐观的悲观主义者，是一种很聪明的生活态度。很多事情在没有发生之前就把最坏的结果预想出来，当真的坏结果出现的时候，并没有自己预想的坏，就有了一种小小的幸福在里面。人生很多时候都是由这些小小的幸福组成的。

（五十九）

旅游是女人放松自己心情的好办法之一。假如能拿着相机在异国他乡多拍些可爱孩子的照片，会使自己的旅游增添更多的趣味，自然山水、人文景观都是美丽的，都是能给人带来幸福的，可拍些能给自己带来幸福的照片，却是自己创造的一种景观啊！创造是最重要的事情，幸福也需要自己去创造。同样是旅游，有了自己的创造在里面，就增添了幸福的附加值。

（六十）

婚姻这双鞋早晚都得沾上灰尘，对所有人的不尽完美的婚姻来说，有些人对婚姻的不满意是在心里进行，有些人则付诸行动。对婚姻不满有心理活动的人，可以占到百分之百，付诸行动的会有一部分，这主要取决于机缘和对婚姻的不满程度。理性的、智慧较丰富的人会浅尝辄止，知道婚外风景是怎么回事，就把所有的事情烂到了心里，继续自己不完美的婚姻。他（她）智慧的体现是知道世界上不存在任何一桩完美的婚姻。

第八章

外柔内刚

——微笑，是朵永不凋零的花

是谁笑成这百层塔高耸，让不知名鸟雀来盘旋？是谁笑成这万千个风铃的转动，从每一层琉璃的檐边摇上云天？

——摘自林徽因《深笑》

1.巧笑倩兮，美目盼兮

老祖宗在《诗经》里就早早告诉我们男人喜欢什么样的女人了："关关雎鸠，在河之洲，窈窕淑女，君子好逑。"窈窕淑女就是男人喜欢的类型。

每个女孩子，或多或少，都有过做淑女的梦想。但是，你如果真的要求每个女孩子都去做淑女，恐怕女孩子就要抗议了。吃不出声、笑不露齿的淑女可不是多换几身连衣裙就可以练成的。

现在的社会崇尚个性，竞争又很激烈，女孩子大多都要工作，都是职业机器里的一颗螺丝钉，要在房价越来越高的城市里生存下来，活出自己的精彩，想做淑女很难。

可是，不做淑女并不意味着你可以学"野蛮女友"那样随时把男人打翻在地，那是电影、电视杜撰出来的，在现实中男人可不是受虐狂。

要想男人对你有好感，你可以不做淑女，但一定要做一个得体的女人。

让一两个男人围着转不难，让一群不太出色的男人围着转也不算太难，可是围着她转的都是些什么样的男人呢？听听这些名字，我们所熟知的徐志摩、沈从文、萧乾，还有也许不特别出名，但在各自领域都堪称泰斗级的人物，哲学家金岳霖，政治家张奚若、钱端升，经济学家陈岱孙，社会学家陶孟和……

据萧乾回忆说，林徽因说起话来又快又多，密不透风，别人简直插不上嘴。一般来讲，一个多嘴快舌的女人，很难给别人留下好印象，尤其在爱情上，你看琼瑶小说里，最后的赢家几乎都是文静、寡言的"她"。那林美人怎么形成那么强大的磁场呢？

林徽因是一个"文质彬彬的女君子"。她纵然讲个不停，可是她"言之有物"，而且"言之有态"，秀外慧中，让那些来客不但养眼同时还兼养心养脑。

萧乾的夫人文洁若有过相同意思但畅快淋漓的概括："她的美在于神韵，天生丽质和超人的才智与后天良好高深的教育相得益彰。"

梁思成的续弦林洙，同样折服于林徽因的魅力。"当你和她接触时，实体的林徽因便消失了，而感受到的则是她带给你的美和强大的生命力。"要知道，那是1948年，林徽因已经四十多岁，而且重病在身，却依然让林洙感到"她是那么吸引我，我几乎像恋人似地对她着迷"。

可以说，一个举止得体的女人，无论走到哪里，都会受人欢迎和尊敬。

朱自清先生的《女人》中有一句描写女人甜蜜微笑的句子是："微笑是半开的花朵，里面流溢着诗与画与无声的音乐。"真的很形象地赞美了女人的微笑的极致之美。有这样的微笑的女人是温柔的女人，唯有一颗柔柔的心，一份恬静的心境才会生出如此令人惊心动魄、心旌摇曳的微笑。将世间最美的情怀绽放在那甜蜜的微笑里，足够让某些人回味一生，珍藏一世。

《诗经》里有一句话叫"巧笑倩兮，美目盼兮"，它描绘出了女人笑容的最高境界，这也是"回眸一笑百媚生，六宫粉黛无颜色"的原因。是的，女性的微笑和她们的眼泪一样，有着让男人无法抵挡的杀伤力。

2.在逆境中一样微笑

遇到挫折并不可怕,重要的是当你遭遇挫折的时候,你在想什么,你在做什么。有的女人一旦进入到生活的低谷的时候,她就会绝望地想:"为什么我这么倒霉?为什么别的人生活得都很好,只有我在遭受痛苦?"

其实,并不是只有她一个人难过、痛苦,这个世界上正在经历挫折的人多了,可是并不是每个人都这样怨天尤人。这样哭天抹泪,用抱怨来发泄心中的怒气,对你遇到的困难没有丝毫的帮助。这样做只会使自己的心情越来越糟糕,头脑越来越混乱,到头来,事情只会越来越糟。

另外一些女人的表现则足够让旁人欣赏,她们不愠不火,也不会不停地向周围的人抱怨自己有多么不幸,她们可能比平常要沉默一点,但是她们心中对于美好生活的向往从未消失。她们始终坚信,生活总是会好起来的,总有一天我会走出低谷。

女子坚强、不畏惧困难的品格比美貌更有价值。

在林徽因的身上,有一种永不褪色的坚强。

为了躲避战乱,在最艰苦的时候,林徽因和梁思成蛰居乡下,当时他们的生活很不如意,经常处于困顿的状况中,而林徽因又是贫病交加。这还不算,他们还常常需要面对生死考验,因为日本的轰炸机会时不时地从他们头上飞过。就在如此险象环生的情况下,林徽因却能泰然自若地在信里写下这样的文字:"思成是个慢性子,愿意一次只做一件事,最不善处理杂七杂八的家务。但杂七杂八的事却像纽约中央车站任何时候都会到达的各线火车一样冲他驶来。我也许仍是站长,但他却是车站!我也许会被碾死,他却永远不会。"

显然这是她对正常生活的一种描述,战争的危机好像不会波及她,而日本的轰炸机也好像是个摆设似的。在如此危机四伏的背景下,她却依然柔情似水,这确实是一种境界。

每个人都有自己不如意的地方,也都曾被绊倒过,只不过,大部分人都重新站了起来,继续迎接生活的挑战。他们所遭遇的心灵的折磨,也只有他们自己才会明白。

世上没有一成不变的东西,没有永远的成功更没有永远的失败,正如天气,有晴空万里,也一定会有阴雨绵绵。真正有价值的人,是在逆境中微笑的人。

人生一世,谁没有起起落落的时候呢?越是遭遇不测就越该打起精神来面对,老话说得好:"黯然神伤时,则所遇尽是祸;心情开朗时,则遍地都是宝。"这句古训告诉我们,若是一味地难过,那么遇到的事也一定都是不好的;如果心情保持愉悦,那么也会有好运气找上门来。

3.经得起繁华,也归得起平淡

挫折难免,既不可悲,也不可怕。可悲、可怕的是在挫折面前不及时总结经验教训,或者被挫折吓破了胆,打退堂鼓,"一朝被蛇咬,十年怕井绳";或者麻木不仁,不当回事,依然故我。还有一种情况是固执己见,强调客观,怨天尤人。这几种态度都不能从挫折中吸收应有的经验教训,必定会一而再、再而三地犯同样的错误,在同样的问题上反复失败。如果不认真转变态度,根本谈不上反败为胜,而只能是一个失败接着一个失败,一次挫折跟着一次挫折。

哲学家罗素说过:"遇到不幸的威胁时,认真而仔细地考虑一下,最糟糕的情况可能是什么? 正视这种不幸,找到充分的理由使自己相信,这毕竟不是那么可怕的灾难。这种理由总是存在的。因为在最坏的情况下, 在个人身上发生的一切决不会重要到影响世界的程度。"

所以,当我们遇到挫折时,要坚持面对最坏的可能性,怀着真诚的信心对自己说:"不管怎样,这没有太大的关系。"然后理智地评估形势,选择下一步的做法,这样,就能在挫折中得到最好的结果。

林徽因是一个出身官僚知识分子家庭的大家闺秀。梁从诫说:"我的外祖父林长民(宗孟)出身仕宦之家,几个姊妹也都能诗文,善书法。外祖父曾留学日本,英文也很好,在当时也是一位新派人物。"所以,她有着豪华的家庭背景,嫁的丈夫也是名流之子,她是一个从繁华中走来的女子。

在1924年泰戈尔访华之际，当时的上流社会惊叹她为"人艳如花"。她20岁就以才貌双全闻名于当时的北京上层文化圈，仅仅用业余时间便创作出了极具有专业水准的文学作品，在京派作家圈中拥有不可替代的一席之地。

她是中华人民共和国国徽和人民英雄纪念碑的主要设计者之一，她把自己置身于男性主流社会，并获得了无与伦比的殊荣与赞叹。她24岁被聘为东北大学建筑学教授，45岁时被清华大学聘为一级教授，在自己的主业上取得了卓越的成就。

这是一个集万千繁华于一身的奇女子。在她"太太的客厅"上也是出尽了风头的，她似乎是为繁华而生，又为繁华而存在的，总是一个群体的中心人物。

像林徽因这样的"万人迷"大概不会承受过于平淡的生活，但她确实能够过平淡的日子。

在避难期间，她和梁思成住在只有几十户人家的小村子，所租住的农舍外面下大雨，里面就下小雨，是老鼠和蛇经常光顾的地方，甚至连吃水用水要到村外的水塘去挑，据说林徽因第一样买回的物品是一口有近一米高的陶制大水缸，用来储存挑进屋里的水。而晚上，则只能靠菜油灯照明。

他们在一只三条腿的火盆上支一口锅，在锅里做饭，用煤灰和泥做成的煤球就是他们把饭做熟的燃料。他们必须天天外出去买食物，因为那里没有任何冷藏系统，走的当然是土路，干燥天气的时候，路上尘土飞扬，而下雨天则满是泥泞。

那个地方，没有布，没有电话，没有交通工具。这位名门闺秀，从繁华生活里出来的留洋才女，那一段，简单成了一个男人。甚至她自己不得爬上房顶来修葺他们的住所，她俨然成了一个地地道道的农村妇人。

许多女人面对挫折时总是悲观失望、萎靡不振,对自己的前程心灰意冷,失去了向上的信心。其实,她们不知道,挫折对于人生来说是一个良好的开端。

一开始就要认清这一点:要成功并不容易。想要获得成功的人得像风筝,与强风对抗,方能升向高处。基于成功的信念,便能坚定向前,无惧于沿途所遭逢的困难。

确定你的信念能支持你,在迈向成功的旅程中,忍受一切艰难险阻。当你确知自己在做什么,当你有个明确的目标和实施计划,那么,你或许得与周遭的狂风搏斗,却不至于有被吹垮的顾虑。风势越强,你会飞得越高。

一位哲人说:并非每一次不幸都是灾难,逆境有时候通常是一种幸运。

挫折是一个人的炼金石。面对挫折,跌倒了站起来便能成就更好的自己;硬是在地上赖着,自怨自怜悲叹不已的人,注定只能继续哭泣。

挫折是人生的原色。人类的成长,通常是由许多的挫折组成的。就如口香糖广告说:"幻灭是成长的开始。"

奥斯特洛夫斯基说得好:"人的生命似洪水在奔腾,不遇着岛屿和暗礁,难以激起美丽的浪花。"

闲云有时会遮住太阳,但是总有一天会拨云见日的。不管你愿不愿意,人生都是没有直达的坦途的,挫折就像影子一样,总是伴随着你。有位哲人说:没有磨难的人生是空白的人生。没有倒下就没有跃起,没有失败就难言成功,也不可能具备百折不挠的坚韧。大凡成功的女人都有着一种承受生活变故的能力,她们性格上更加坚强不屈,意志更加坚定,更有韧性。

面对挫折,有的女人害怕它;面对挫折,有的女人躲避它;面对挫折,也有女人会克服它。害怕它的女人失败了,成功成为水中月、镜中花;躲避它的女人麻木了,意志消沉,"难得糊涂"成为窗前的警句;而克服了挫折的女人却取得了成功,收获了幸福。

昨天的挫折会为今天铺路,明天的灿烂定会抚平今天的痛苦。哪个站在台面上的人,不是有一堆令人心酸的过去?挫折往往令这些人站得更稳。生命因挫折而精彩!

4.乐观的女人永远能发现好的一面

其实，事情没有好坏之分，关键是我们对事情的态度，换一个角度看问题，事情就没那么糟糕，换一个思维，幸福就离我们不远。

李健吾曾在《林徽因》一文中说："我最初听到他们的信息，是有人看见林徽因在昆明的街头提了瓶子打油买醋。"然而林徽因蛰居川西小镇李庄的时候比起在昆明时期，则是差了不知多少倍。

由于梁思成车祸受伤的后遗症不时发作，是不能干体力活的，于是操持家务的重担就落到了林徽因身上。而林徽因，并不是所有的活都擅长，她在给费慰梅的信中说："每当我做些家务活儿时，我总觉得太可惜了，觉得我是在冷落了一些素昧平生但更有意思、更为重要的人们。于是，我赶快干完了手边的活儿，以便去同他们'谈心'。倘若家务活儿老干不完，并且一桩桩地不断添新的，我就会烦躁起来。"

这样的生活何止是平淡，简直是困苦交加，时刻都在考验人的忍耐极限。

林徽因在诗《微光》中记录下了那段平凡：

街上没有光，没有灯，

店廊上一角挂着有一盏；

他和她把他们一家的运命

含糊地，全数交给这黯淡。

街上没有光，没有灯，

店窗上，斜角，照着有半盏。

合家大小朴实的脑袋，

并排儿,熟睡在土炕上。

外边有雪夜;有泥泞;

砂锅里有不够明日的米粮;

小屋,静守住这微光,

缺乏着生活上需要的各样。

缺的是把干柴,是杯水;麦面……

为这吃的喝的,本说不到信仰,——

生活已然,固定的,单靠气力,

在肩臂上边,来支持那生的胆量。

明天,又明天,又明天……

一切都限定了,谁还说希望,——

即使是做梦,在梦里,闪着,

仍旧是这一粒孤勇的光亮?

街角里有盏灯,有点光,

挂在店廊;照在窗槛;

他和她,把他们一家的运命

明白的,全数交给这凄惨。

她自己形容自己说:"我是女人,理所当然变成一个纯净的'糟糠'典型,一起床就打扫、擦地、烹调、洗衣、铺床,每日如在走马灯中过去。然后就跟见了鬼似的,在困难的三餐中间根本没有时间感知任何事物,最后我浑身疼痛着呻吟着上床,我奇怪自己干嘛还活着。这就是一切。"

梁思成回忆说:"在菜油灯下,做着孩子的布鞋,购买和烹调便宜的粗粮,我们过着我们父辈在他们十几岁时过的生活但又做着现代的工作。有时候对着外国杂志和看着现代化设施的彩色缤纷广告真像面对奇迹一样。"

金岳霖曾这样概括那段时期的林徽因:"她仍旧很忙,只是在这种闹哄哄的日子里更忙了。实际上她真是没有什么时间可以浪费,以致她有浪费掉生命的危险。"

很难想象,这是曾经的林徽因,她习惯了"天堂"式的生活,在"地狱"式的日子中似乎也并没有倒下,而是坚持着自己的坚持。

然而并不仅仅是平淡,还有危险。林徽因在给费慰梅夫妇的信中写道:"日本鬼子的轰炸或歼击机的扫射都像是一阵暴雨。你只能咬紧牙关挺过去,在头顶还是在远处都一样,有一种让人呕吐的感觉,尤其是当一个人还没有吃过东西,而且今天很久都不会再吃任何东西,就是那种感觉。"

她已经承受了这样的极限,但是"咬紧牙关挺过去"了。

但她并不是全然将自己埋没于这些平淡中,她还要振作起来,不能让平淡吞噬了一切。她总是把两间简陋的房子收拾得干干净净,她也会经常在窗台上的玻璃瓶里插上从田野里采来的鲜花,她与当地的百姓相处得极为和谐,他们总是愿意靠近她,并向她讲述他们的故事、分享他们的快乐,甚至时不时地把他们所拥有的"稀缺物品"赠送与她。这样一来,看上去平淡得几乎让人窒息的生活又恢复了生机,为她那段人生增色不少。

在这个喧嚣繁冗的世界上,乐观地对待生活更能让女人的世界五彩缤纷。

其实,一个真正懂得生活的女人是不会把自己的生活看作是炼狱的,她们懂得享受生活所带来的痛苦和欢乐。她们知道虽然生活并不尽如人意,但是生活本身就是一段历程,只有懂得去享受痛苦时的刻骨铭心,欢乐时的自由欢畅,那才是生活的本来色彩。

一位作家曾写道:"幸福是一种角度,从这边看是痛苦,换一边看未尝不是幸福。被刺到手时,你的幸福是因为它没有刺到眼睛。"不要奢望世界为我们而变,我们可以改变自己的态度。改变了自己,也就改变了一切。

生活中的不如意就是这样的,常常会不期而至:失恋、离婚、失业、疾病、丧失亲人……所罗门说:人有疾病,心能忍耐,也可承担;精神若已崩溃,一切就会成空。不幸来临,有的女人表现出心灰意冷,自暴自弃,让美丽在岁月蹉跎中枯萎;另一种女人则是直面生活,心在梦在,让精神的美丽永远摇曳在不屈的抗争里。

一位记者准备到一位生活在贫困线以下的女工家里"送温暖"。他打开这位女工的详细资料:丈夫早几年病逝,欠下了好多钱,两个破房间,两个孩子有一个是残疾。女工微薄的薪水不仅要养活三个人,还要还债。

"她家里该成什么样子呢? 女人和孩子蓬头垢面,一脸悲苦,蜷缩在又黑又潮的小平房里,屋里屋外没有一点儿鲜活的生活色彩。看到他的到来,母子三人定会哭哭啼啼地诉说着自己的不幸。"他想象一定是这样一副情景。

第二天,这位记者怀着深深的同情,按地址找到了那个地方。但他惊讶了,他怀疑自己是不是找错了地方,以至于又向人核实了一遍。

他看见女人脸上的笑容就像她的房间一样明朗,漂亮的门帘是用纸做的,灶间的调味品虽然只有油盐两种,但油瓶和盐罐却擦得干干净净。女工递给他的拖鞋,鞋底竟是用旧解放鞋的鞋底做的,再用旧毛线绣上带有美丽图案的鞋帮,穿着好看又暖和。女工说,家里的冰箱、洗衣机是邻居淘汰下来送给她的,用的蛮好。孩子很懂事,做完功课还帮忙干活……

这位女工是一位值得所有人学习的强者,强者就是如果别人能将你的财产、你的丈夫……你身外的种种一切都带走,还不足以证明你是个弱者。如果谁也拿不走你的幸福、你的自信、你内心的宁静,那么,你已经强大到不可征服。

对于乐观自信的女人来说,即使再漆黑的夜晚,也能看到星星仍在闪烁;即使乌云再密,她仍然坚信太阳不久就会照耀头顶。她坦然地接纳生活中一切不幸的遭遇,微笑的态度犹如在接受一种财富。她没有抱怨,没有忧伤,反而感到光明、幸福。她对记者诉说着太多的高兴事,那眼睛里流露出的光彩,那种欢快折射出的美丽,使整个世界都溢彩流光、灿烂无比!

面对当今越来越复杂、越来越纷乱的社会,在背负巨大心理压力的同时,我们经常还会碰到各种各样的困难和挫折,如失业下岗、家庭变故、婚姻失败、学业不顺、经济困难等诸多问题。当这一切突如其来无法解决时,取决于我们内心是否强大。

是的,每个人的一生都会遇到诸多的不顺心,秉性柔弱的女人在遇到困境时,看不到前途的光明,抱怨天地的不公,甚至破罐子破摔,在精神上倒下;而秉性坚忍的女人在遇到困境时,能够泰然处之,认定活着就是一种幸福,无论是顺境还是逆境,都一样从容安静,积极寻找生活的幸福,不浪费生命的一分一秒,于黑暗之中向往光明,在精神上永远不倒。

其实,生活中很多事情,不管你愿不愿意接受,它都会降临到你头上,这就要看你怎样对待它了。

著名的台湾佛学大师海涛法师讲:当今社会,不是让你去改变谁的时候,而是你要懂得学会接受,以一个好的心态坦然地接受它。当你凡事都以乐观的心态去面对的时候,你会惊讶地发现,无论多么大的困难,都不是可怕的,世界原来竟是那么的美好,我们的生活处处都充满了阳光。

5.微笑无需成本,却创造出许多价值

有一位哲学家说得极为精彩:微笑无需成本,却创造出许多价值。

女人若能保持心境平和,微笑面对生活赋予我们的一切:微笑着面对诽谤,微笑着面对危险,微笑着面对坎坷崎岖的人生,所有的艰辛和磨难不但不能奈何你,反而更衬托出你那从容不迫的风度。闪光的微笑就是女人搏击人生的又一亮点!

懂得对自己微笑的人,她的心灵天空将随之晴朗;懂得对生活微笑的人,将会拥有美丽的人生。

1931年11月19日,徐志摩在飞机意外事故中逝世,对林徽因也造成了心灵上的冲击,诗歌创作一度中断。她在《悼志摩》一文中说:"朋友们我们失掉的不止是一个朋友,一个诗人,我们丢掉的是个极难得可爱的人格。"这个"可爱的人格",或许是林徽因《深笑》中所呈现出的纯真及纯美。

林徽因把传奇的经历塑造了两个纯粹的人格世界,她的天生丽质及超人的才智变成了"可爱的梨涡"。她的纯美的笑,经由徐志摩的"发现",也变成了一种永恒,变成了一朵永不凋零的花。

与徐志摩如是,和金岳霖也是如此。一个哲学家,因为爱恋林徽因而终身不娶,从一而终几乎是"逐林而居",倘若林徽因始终毫无察觉那是不可能的,但她只是把人生"笑"化了。在哲学家的眼中,这种一尘不染的笑,显然已经成为了一种艺术,或许值得一生去守护。

一个女人，以微笑视人，以微笑从容应对曲折的人生，坚持自我，才是最美的女人。因为微笑是一种恬淡、一种自信、一种执著，因为，这种微笑能传染家人、朋友、同事，让人感到生活的轻松、愉快。同时，微笑也让人年轻、有活力，所谓笑一笑，十年少，微笑是生活最好的润滑剂，让人不感到负担和沉重。更重要的是女人的微笑是一种淡淡的幸福，因为幸福的女人都会开心，形之于色就是一种坦然的微笑，这是女人遮不住的春风。你微笑是因为你幸福。

保加利亚哲学家吉里尔·瓦西列夫在《情爱论》一书中说："爱的微笑像一把神奇的钥匙可以打开心灵的迷宫，它的光芒照亮周围的一切，给周围的气氛增添了温暖和同情，殷切的期望和奇妙的幻境。"微笑所释放出的能量也许是世上最惊人的奇迹，而奇迹本身就是它永恒的荣耀，化干戈为玉帛，化武力为祥和。

微笑貌似平平淡淡，其实却是恰到好处的。它既是一种单纯，也是一种丰富；它既是出于礼貌，更是发自内心。微笑，是愉悦心灵的折射；的确，微笑是最美的，也是女人生活里最明亮的阳光！

当女人握住岁月的手，就学会了用微笑承受痛苦，学会用微笑把眼泪揩干，让孱弱的双肩撑起抑郁的额头。不论经历了怎样的委屈和艰辛、误解，女人依然用最美的微笑来迎接灿烂的每一个黎明。人生苦短，女人的路若想走得远而长，必然会付出更多的努力和勇气，用真诚的微笑感染和打动身边的每一个人，那么你的脚印就会坚实而有重量！

一位少年对他母亲说："我讨厌哭，所以我笑。"尽管那位少年的蛋和牛奶掉到地上了，但他把哭泣换成了笑。拿破仑·希尔说："我想提醒大家，当你追求成功的时候，一定不要把微笑收藏起来，可以说，世界上没有什么比微笑具有更大的力量，它是使困难挪动的启动器,它是铲除逆境的推土机,它是我们走向成功和辉煌的绿卡。"

当一个女人荣辱不惊,笑对成败,坦然面对一切时,才是对微笑最完美的诠释!

微笑是女人自信的翔舞,微笑是女性真诚的欢歌!

永恒你的纯真,永恒你的微笑,女人的微笑精彩无限!

6.外柔内刚是女人永不褪色的王牌

古今中外的才女,多是有着柔弱的风骨,而林徽因则是个外柔内刚的女子。出身优越的她,其实完全可以待在家当阔太太,但她却选择了建筑这一艰苦行当,并在当时的历史背景下成为中国首席女建筑专家。

出生于江南水乡的林徽因,似乎决定了她的诗情画意与不尽的柔情,备受秋月春风的情怀滋养,也造就了林徽因作为一个温柔与聪慧的女子。烟雨江南与倾城绝代的女子,向来是绝妙的搭配。她的温柔让人对她的爱欲罢不能,从而留下了大诗人"最是那一低头的温柔"这样经典的诗句。

她让自己的性情在社会生活中得到了足够的展露和磨砺。

"温柔要有,但不是妥协,我们要在安静中,不慌不忙地坚强。"林徽因如是说,温柔是有度的,而刚强则是不可逾越的底线,不论在什么样的境况下。

抗日战争爆发的1937年,林徽因从佛光寺调查归来,曾写信给在北戴河居住的女儿梁再冰说:"如果日本人要来占北平,我们都愿意打仗,那时候你就跟着大姑姑那边,我们就守在北平,等到打胜了仗再说。我觉得现在我们做中国人应该要顶勇敢,什么都不怕,什么都顶有决心才好……你知道你妈妈同爹爹都挺平安的在北平,不怕打仗,更不怕日本。"

林徽因的内刚是发自骨子里的,是种天不怕地不怕的强性情。

梁从诚回忆母亲时谈道："有一次我同母亲谈起1944年日军攻占贵州独山，直逼重庆的危局，我曾问母亲：'如果当时日本人真的打进四川，你们打算怎么办？'她若有所思地说：'中国念书人总还有一条后路嘛，我们家门口不就是扬子江吗？'我急了，又问：'我一个人在重庆上学，那你们就不管我啦？'病中的母亲深情地握着我的手，仿佛道歉似的小声地说：'真要到了那一步，恐怕就顾不上你了！'听到这个回答，我的眼泪不禁夺眶而出。这不仅是因为感到自己受了'委屈'，更多地，我确是被母亲以最平淡的口吻所表现出来的那种凛然之气震动了。我第一次忽然觉得她好像不再是'妈妈'，而变成了一个'别人'。"

这个有点弱不禁风的女子，她的外柔竟然是儿子眼中"平淡的口吻"，而她的内刚则近似于一种大气凛然的气魄，而她则是二者的有机统一。可见，一个真正外柔而内刚的人是经得起考验的，它是生命的本态，不会受到外部的压力而中止。

一个外柔而内刚的女子绝对不是由着性子的坚持，而是基于理性的判断。

有一次，大汉奸汪精卫之妻陈璧君要在梁再冰就读的小学演讲，林徽因得知情况后，坚决不让她去听那次演讲，当时年幼的孩子非常不解："同学都去了，为什么我不能去？"但林徽因依然坚持自己的意见。结果后来林徽因才知道，梁再冰班里就她和张奚若的儿子张文朴没去，她很欣慰，国难当头，她怎么能容许自己的孩子去听主和派汉奸老婆的演讲呢？

当外界的变化违背了自己内心的评判标准，而不会屈尊俯就，"刚"性不变，这是一个女子最可爱的地方，也是最值得敬重的品质。一个卓越的灵魂是可以战胜自我并超越自我的，而超越自我的部分就会在"刚"性里发酵、升华,从而能成为一个高尚的代表。

20世纪50年代初期,在文物保护问题上,林徽因与当时的官员产生严重分歧,已经病入膏肓的她仍然为保护北京建筑而做犀利的辩护。她对他们说:"你们拆的古董至少有八百多年历史,有一天后代子孙懂得它们价值之时,你们再建的就是赝品、是假古董。那一天会来的!"

针对乱拆古建筑,林徽因深为伤感,她居然能拍案而起,指着当时的历史学家兼副市长吴晗的鼻子,厉色怒斥,已经弱不禁风的她一点也不像生病的样子。

在林徽因生命中的最后一个冬天,梁思成在波涛汹涌的批判大潮中病倒了,她却用生命中最后的热度,当面向有关负责人驳斥对丈夫的种种批判,同时也为自己做了义正词严的辩护。

一个外柔而内刚的女人,在关键时刻,是有着清晰的思路的,那也是一种所向披靡的勇气。林徽因的"内刚"可以用嫉恶如仇来形容,就连父亲也深深佩服她这一点,称"她的敏捷锐利,鞭辟入里,不是不让须眉,简直是让须眉汗颜"。

女人,的确是亦应该有着傲骨和不屈不挠的斗志的。

外柔内刚是女子手中永不褪色的王牌,如果把它再发挥得淋漓尽致,自然在任何场合下你都会有更多一点的制胜筹码。

内柔的女人,可能会面临生活中及在职场或者商界打拼更多自我的挑战。经得起失败,而且是不断的失败,才能叩开成功的大门,在这样的过程里,需要能耐得住一轮又一轮的挑战,恰如林徽因,她能上得厅堂,下得厨房,能够于寂寞中泰然自若,的确不是内柔所能经受得起的。我们往往在一次又一次的尝试中才能发现那条朦胧的通向成功的路，所以，不要内柔。

内刚的女人不管是在男人世界里还是在女人世界里，到哪都有吃得开的力量。内刚是一种气质，有时候是一种霸气，这种霸气足以让男人唯命是从、俯首称臣，它是一种表现在举手投足间流露的魅力——足以让男人崇拜的魅力。而在事实上，内刚代表着理智，所以不轻易吃亏。

外柔内刚的女子天生有一种被人崇拜和敬仰的特质。

其实，作为一个女性，没有不希望做到外柔而内刚的，做事时表面上宠辱不惊而骨子里铮铮作响，这样的风度让人迷恋。不过这种本领也不是一朝一夕所能达到的。我们的性情很多时候是由我们的思维习惯、价值观和本能统合而成的。如何让自己的情绪和内心的感受以最佳方式疏导和释放出去，在这个过程中展示出真实的自己，这是人际交往过程中的一个技术。

所以，我们选择外在柔弱来"迷惑"他们的眼睛，用内刚来坚守自己的底线，才能进退自在、收放自如。当然，真正如林徽因一样的外柔内刚还需要不断地修炼和提升自己的素养，才有可能达到她的高度与境界。

万古人间四月天

——独一无二林徽因

建筑学家,诗人,学者,美术家,翻译家,我们很难定位她确切的身份,但我们只需记住:她是独一无二的林徽因。

1.女子当如林徽因

1904

她生于杭州官宦世家,天生丽质,娴雅端庄。5岁便由大姑母林泽民授课发蒙。她是中国第一位女性建筑学家,亦擅长文学创作,才华横溢,涉猎广泛,被胡适誉为中国一代才女,是那个时代"太太客厅"里永远的主角。

1920

16岁,她随父游历欧洲,在伦敦受到房东女建筑师影响,立下攻读建筑学志向。是年与诗人徐志摩邂逅,随其进入文学与戏曲界,后成为新月社的座上宾,两人暗生情愫。

1922

苦苦追求她的徐志摩,不惜与发妻张幼仪离婚,但她却随父归国,单方结束了一段无望的爱恋。徐在一连串碰壁之后给她留下了惊世、痛彻的爱情宣言:"得之,我幸;不得,我命。"

1928

24岁,结束留美学业,她与相识十年的梁思成在温哥华完婚,成就了一段"梁上君子,林下美人"的佳话。夫妇二人用现代科学方法研究中国古代建筑,成为这个学术领域的开拓者,共同走过了中国的15个省,200多个县,考察测绘的200多处古建筑得到了全国乃至世界的认识并得到保护。

1931

27岁,在研究建筑科学之余,她开始从事文学创作。4月,以"徽音"为笔名在《诗刊》发表了第一首诗作《谁爱这不息的变幻》,后陆续发表多篇诗歌、散文、小说、戏剧与文学评论,受到文学界与众多读者赞赏。

1949

45岁,她被聘为清华大学建筑系一级教授。与梁思成等编印《全国重要文物建筑简目》。7月,她参与中华人民共和国国徽图案设计。

1951

47岁,她是人民英雄纪念碑设计者之一,时任人民英雄纪念碑建筑委员会委员,承担为碑座设计纹饰和花圈浮雕图案的任务。同年,为挽救濒临倒闭的景泰蓝传统工艺,她带病深入工厂调研,一改往日单调花纹,设计了一批具有民族风格的新颖图案,深受欢迎。

1955

4月1日,只经历了51个人间四月天的她在京病逝,至此,这位让徐志摩怀想了一生,让梁思成宠爱了一生,让金岳霖记挂了一生,让男人们仰慕了一生的传奇女性,世间再无。

新月社:

20世纪20年代末期,由徐志摩与胡适等人创办的一个影响较大的文学社团,社名由徐志摩依泰戈尔诗集《新月集》而起,是一个涉及政治、思想、学术、文艺各领域的派别。

太太客厅:

20世纪30年代,在老北京,林徽因与梁思成家每逢周末便有一次文化沙龙聚会,被称为"太太客厅"。座上宾都是当时北京知识界最优秀的学者、教授,包括徐志摩、沈从文、金岳霖、胡适等。每逢聚会,几乎都以林徽因为中心,谈论文学艺术方面的问题。

2.中国建筑之魂:梁思成林徽因夫妇

我们仿佛听见,他们高朋满座的客厅里,杯底喝尽,连珠的笑声中浮沉着杯盘碰撞响。我们仿佛看见,他们细心研究恢复古建筑典籍的本来面目,他们灵巧的手指驾驭那支笔穿梭于技术细节之间,中英文一样典雅。我们还看到,已经消失的中国古建筑终于在民族意识中重新获得其应有的地位。我们也感受到,他们在漫长病疾苦痛中,从未放弃的幽默和刚毅。

——费慰梅《中国建筑之魂:一个外国学者眼中的梁思成林徽因夫妇》

1901年4月20日,梁思成出生于日本东京,那是他父亲梁启超因"戊戌政变"失败后亡命日本的第三年。梁启超给他取名"思成",希望他多思而事业有成。在父亲的影响和督促下,梁思成自幼就攻读《左传》、《史记》等古籍,对中国古代文化产生了浓厚的兴趣。1915年,梁思成考入清华学校。

林徽因改变其一生

美丽聪慧的林徽因对梁思成的一生有着莫大影响。

他们的儿子梁从诚后来回忆说:"当我父亲第一次去拜访我母亲时,她刚从英国回来,在交谈中,她谈到以后要学建筑。我父亲当时连建筑是什么还不知道,我母亲告诉他,那是融艺术和工程技术为一体的一门学科,因为父亲喜爱绘画,所以也选择了建筑这个专业。"就这样,两人因建筑而走近。

1924年,梁思成和林徽因共赴美国费城宾夕法尼亚大学留学。宾夕法尼亚大学的建筑史教授古米尔对中国建筑史非常感兴趣,并向梁思成询问有关情况。梁思成这才发现中国建筑史的研究是一片空白,恰好在这时,梁启超给梁思成寄了一本新近发现的古书《营造法式》,作者是宋徽宗的工部侍郎李诚,著于公元1100年。它完整地记录了当时宫殿建筑的各种建造图例和标准,是迄今为止中国最早的一部建筑标准手册。尽管里面有太多的术语无法读懂,但古人的智慧令他惊叹,他由此定下了研究中国建筑史的志向。

中国古代建筑研究的先驱

为了全面研究中国古代建筑,需要更广泛地搜集资料,梁思成与林徽因以简陋的交通工具,奔波于穷乡僻壤与山峦沟壑中,从事艰辛的古建筑踏勘与测绘调查, 对中国古建筑研究做开拓性的工作。1934年,出版了通过实地调查与测绘完成的《清式营造则例》。这是梁思成的第一部著作。他把中国清代的建筑样式、结构、装饰做了科学的分析并用现代建筑的图表示出来,使后人对古建筑有了科学的认识。1945年,二人合著的《中国古代建筑史》问世,这部著作总结了中国古代建筑的发展历史、规律、特点与西方建筑进行比较,从政治、经济、文化等方面进行了科学的分析,其学术水平达到了前人所没有达到的高度。迄今,此书仍以其先例精当、引文浩博、文字精炼而独树一帜。

国徽,以及人民英雄纪念碑

中华人民共和国国徽,庄严、挺拔、凝重、壮丽,高高悬挂在天安门城楼上,悬挂在共和国每一处庄重严肃的场所。梁思成和林徽因是国徽主要设计参与者。

1949年7月,全国政协成立后,立即公开向全国及海外侨胞征求新中国国旗、国徽的图案及国歌词谱。国徽征稿结束时,共收到900

多件设计图案,但都未被选中,政协筹委会决定把设计国徽的任务交给清华大学和中央美院。那一年梁思成和林徽因的身体都不太好,几乎轮流生病,但他们还是和大家一遍遍修改图案,当年新林院8号梁思成夫妇的家,其实就是名副其实的国徽设计中心。经过几个月不分昼夜的奋战,国徽图案终于诞生了。而梁思成和林徽因却在终评的前一天双双病倒了。

梁思成的名字,还和人民英雄纪念碑紧紧联系在一起。新中国成立之初,北京市都市计划委员会向全国征求纪念碑设计方案。梁思成得知,人民英雄纪念碑的某方案已在天安门广场建起了大比例的模型,显示为一个有门洞的大台子上顶着一巨型石碑。眼见这一模型即将付诸实施,他焦急万分,带病给北京市长彭真写了一封信,详细阐述了他对纪念碑的设计意见。他认为,天安门是广场上最主要的建筑物,人民英雄纪念碑是一座新的同等重要的建筑,两者绝不宜用任何类似的形体,因此,人民英雄纪念碑不宜放在高台上,而高台之下尤不宜开洞。他的意见受到了彭真的重视,后来的人民英雄纪念碑也基本采用了梁思成的具有中国民族特色又有极高独创性的构思。我们现在看到的纪念碑庄严、凝重,又不失雅致和优美,它大致来自于梁思成的设计方案。

致力保护北京老城

"古建筑绝对是宝,而且越往后越能体现出它的宝贵。但是怎样来保护它们,就得在城市的总体规划中把它有机地结合起来,不能撞到谁,就把谁推倒,这是绝对不行的……城市是一门科学,它像人体一样有经络、脉搏、肌理,如果你不科学地对待它,它会生病的。"

这是著名建筑学家梁思成当年在清华大学任教时经常跟学生们说的一段话。近些年,随着城市建设的推进,随着古建筑保护与城市规划、建设的冲突愈来愈引起人们深层次的思考,社会上出现了一股"梁思成热"。

早在1950年2月,梁思成就和居住在南京、曾留学英国的著名建筑家陈占祥一起递交了《关于中央人民政府行政中心位置的建议》,即著名的"梁陈方案"。方案提出在旧城外的西侧另辟新区,这样,旧城留下,新建一个新中国的政治心脏,而一条便捷的东西干道连接新旧二城,如扁担一样担起中国的政治心脏和中国的城市博物馆。如今,斯城不在,我们只能借助想象来完成对它的怀念了。

3.冰心与林徽因：两大才女为何由亲到疏

　　林徽因与冰心的祖籍同为福州，算是同乡。二人的丈夫梁思成和吴文藻同为清华学校1923级毕业生，在校时住一个宿舍，算是真正的同窗。由于梁思成遭遇车祸腿部受伤，比吴文藻晚了一年出国留学。1925年暑期，已是恋人关系的冰心与吴文藻，到康奈尔大学补习法语，梁思成与林徽因也双双来到康奈尔大学访友。两对恋人在伊萨卡城（绮色佳）美丽的山川秀水间相会，林徽因与冰心还留下了一张珍贵的生活照。

　　有人认为，这是林徽因与冰心"作为友情的记录"。但此一时彼一时，待二人从美国回到国内，照片中的亲密情景便再也没有出现。

　　归国后的吴文藻、冰心夫妇服务于燕京大学，梁、林夫妇先入东北大学，后转入北京中山公园内的中国营造学社工作，此为1931年秋天间事。

　　重返北平的梁林夫妇住在北京城内北总布胡同一个四合院内，由于二人所具有的人格与学识魅力，很快围聚了一批中国知识界的文化精英，如诗人徐志摩、哲学家金岳霖、政治学家张奚若、经济学家陈岱孙、物理学家周培源、考古学家李济、文化领袖胡适、美学家朱光潜、作家沈从文、萧乾等。

　　这些学者与文化精英常常在星期六下午，陆续来到梁家，品茗坐论天下事。随着时间的推移，梁家的交往圈子影响越来越大，渐成气候，形成了20世纪30年代北平最有名的文化沙龙，时人称之为"太太的客厅"。

1933年晚秋,冰心发表《我们太太的客厅》这篇明显带有影射意味的小说,林徽因随即派人送给冰心一酝子山西老醋,这意味着中国北方两位名重一时的才女很难再作为"朋友"相处了。

随着抗战爆发和北方学术界南迁,林徽因与冰心同在昆明居住了近三年,且早期的住处相隔很近(冰心先后住螺蜂街与维新街,林住巡津街),步行只需十几分钟,但从双方留下的文字和他人的耳闻口传中,从未发现二人有交往经历。

倒是围绕冰心的这篇小说与徐志摩之死又滋生了一些是非恩怨,且波及后辈,这可能是冰心与林徽因当时没有想到的。

1931年11月19日早8时,徐志摩搭乘中国航空公司"济南号"邮政飞机由南京北上,不料飞机失事。

徐志摩遇难后,冰心给梁实秋的信中关于徐的部分是这样说的:"……谈到女人,究竟是'女人误他?'还是'他误女人'也很难说。志摩是蝴蝶,而不是蜜蜂,女人的好处就得不着,女人的坏处就使他牺牲了。到这里,我打住不说了!"

冰心所暗示的"女人"是谁呢?想来冰心与梁实秋都心照不宣。在徐志摩"于茫茫人海中访我唯一灵魂之伴侣"的鼎盛时期,与他走得最近的有三个女人,即林徽因、凌叔华、陆小曼,而最终的结局是,陆小曼嫁给了徐志摩,林徽因嫁给了梁思成,凌叔华嫁给了北大教授陈西滢。

关于徐志摩与凌叔华的关系,当年在圈内和坊间并未传出与情爱相关的桃色新闻。而林徽因之子梁从诫则说:"徐志摩遇难后,舆论对林徽因有过不小的压力。"如果冰心不是专指林徽因,至少是把林与陆同等相视,而指林徽因的可能性当更大。后来,当梁从诫对一位叫陈学勇的学者谈到冰心时,"怨气溢于言表"。陈说:"柯灵极为赞赏林徽因,他主编一套'民国女作家小说经典'丛书,计划收入林徽因一卷。但多时不得如愿,原因就在出版社聘了冰心为丛书的名誉主编,梁从诫为此不肯授予版权。"

林徽因与冰心的心结,表面上缘于一篇小说,不过就二人的性格而言,即便是没有这篇小说作为导火索,也似乎是注定的,除非她俩毫无交往。林徽因与冰心性格、气质,乃至处世态度、人生哲学等很不相同,二人共同生活在一个文化学术圈内,各自心比天高,看对方不顺眼且最终由朋友而渐疏远则成为一种必然。

4.你是我永远的四月天——林徽因与金岳霖恋歌

金岳霖是中国现代哲学和逻辑学的开山祖师式人物,他的一生充满传奇色彩。特别是他单恋建筑学家、诗人林徽因而终生未娶,成了当代文坛上一段流传至今的爱情佳话。金岳霖与林徽因相识二十几载,却默默守望了她一生。

人生若只如初见

1931年的一天,金岳霖在徐志摩的带领下,敲响了北总布胡同一家的朱红色大门。来前,徐志摩已向金岳霖透露,准备介绍一位才貌双全的佳人给他认识。

大门吱呀开启,一位面容清秀的短发女子,如一缕带着浅淡幽香的莲花,她就是林徽因。尽管早就耳熟能详,但初次相见,金岳霖还是为其美貌气质震惊,两人在林徽因带引下步入室内。那时林徽因很活跃,和丈夫梁思成在自家客厅里举办沙龙。林徽因一卷书,一炷香,一袭白裙,沐浴在阳光下,被一群文人围绕其中,任何男子见了此景,恐也难逃动心,而金岳霖更是不可抑制地爱上了林徽因。

金岳霖从青年时代就饱受欧风的沐浴,生活相当西化,西装革履,仪表堂堂。在英国读书时,就受到许多美女的青睐。在美国游历时,他认识了一位标准的金发美女,名为Lilian Taylor,中文名字叫秦丽莲。1925年11月,金岳霖回国时,秦丽莲为他不远千里追随到了北京。她并不要求结婚,只要两人能够朝夕相处足以。所以这些年来,秦丽莲一直陪伴在金岳霖的身边,无微不至地照顾他。可自见过林徽因,金岳霖就神魂颠倒了。

那几天,他时时地对月空叹,引起秦丽莲的留心。面对金岳霖的情绪的瞬间反差,女人天生的第六感告诉她,她和他的生活就要风起云涌了。秦丽莲默默地收拾行李。金岳霖见状,本想安抚她几句。秦丽莲却先开口:"我已经知道,你再也没办法和我在一起了。"一句话说得金岳霖语塞。秦丽莲知道情之于人,无法自控。恋上一个嫁与人妇的女子,他的内心是为更凄惶。

为了能每天都见到林徽因,金岳霖搬到了北总布胡同,与梁家相邻。除了每周雷打不动的梁家沙龙之外,金岳霖和老朋友们聚会时,梁氏夫妇也会欣然前往。他们文化背景相同,志趣相投,交情也越来越深。

林徽因有孕在身,梁思成又经常外出考察,金岳霖对林徽因理所当然地担起照顾任务。他每天早上亲自做好面包,给林徽因送去,然后两人一起喝茶聊天。徐志摩因飞机失事去世,金岳霖与林徽因聊得更多的是徐志摩,和对诗人的思念与哀悼,共同的话题加深了他们之间的感情。

夏季的一天,他们又提起徐志摩,林徽因悲伤落泪,金岳霖马上用手帕替她擦拭。林徽因接手帕时,两只手不小心碰到了一起。金岳霖忍不住抓住林徽因的手不肯放开。林徽因这个平时干脆利落的女子,脸颊瞬间羞得通红。

这么久的交往,林徽因其实也对博学的金岳霖有了好感,而且对他的人品更是钦佩和敬爱。奈何她已罗敷有夫,只得让这份爱慕胎死腹中。金岳霖却迷醉了,今见此情此景,压抑在他心头的情感如洪水般汹涌而出:"我已爱慕你多时,不知你是否明白?"林徽因的身体微微一颤,她如此灵性又怎会不知?片刻之后,林徽因猛然抽出手,对金岳霖说:"我要好好考虑一下。"金岳霖默默点点头。

第二天早上,金岳霖的面包照旧送到林徽因的桌前,只是人却没到。林徽因在面包下，发现了一封信，那是金岳霖写的一首情意绵绵的短诗。虽不及徐志摩来得狂放浓烈，但字字真情流露，林徽因怦然心动。一连几天，金岳霖都没到梁府，但他的信却一天比一天激情。

林徽因失眠了，金岳霖的日子也不好过。他每天既想去探望林徽因，又怕惊扰了她。只能在屋里像只陀螺般打转，以前那个遇事沉稳的男人不见了，只有一个为情所困不知所措的情痴。一次，他一只脚已迈入梁家后门，听到林徽因说话的声音，又退缩了。他继续在默默中等待，她会给自己一个什么样的裁决。

此情可待成追忆

金岳霖的避而不见，让林徽因既感庆幸，又有失落。她认真反思，自己的内心究竟怎样。在这样的矛盾中，她终于等回了从河北考察古建筑的丈夫梁思成。

这晚，她对梁思成说，"思成，我痛苦极了，我现在同时爱上了两个人，不知怎么办才好。"她的语气一点也不像一个妻子对丈夫，反倒像遇到情感问题的小妹妹，在无助地请哥哥拿主意。听到事情来龙去脉，梁思成内心有种无法形容的痛苦。梁思成想了一夜，反复把三个人放在天平上衡量。他觉得尽管自己在文学艺术各方面有一定的修养，但缺少金岳霖那哲学家的头脑。林徽因到底跟谁在一起才能更加幸福？

他对林徽因说："徽因，你是自由的，如果你选择了金岳霖，我祝愿你们永远幸福。"梁思成的大度，让林徽因感动得泪水涟涟。林徽因在梁思成出门后，才慢慢地踱步来到金岳霖的家。才几日不见，金岳霖竟像换了个人，过去整洁的他，胡子拉碴，眼圈晕黑。看得林徽因一阵阵心疼。

正在发呆的金岳霖突然见到林徽因，一阵大喜，忙上前去，原本想一把抓过她的手,可那手只停在了半空,因他看到她眼角还有未干的泪痕。

林徽因向金岳霖转述了梁思成的原话,金岳霖听后半天无语。梁思成这样尊重妻子的选择,希望她幸福。他不能用自私伤害一个如此爱林徽因的男人,那样即便他与林徽因在一起也不会快乐,而只能在对梁思成的内疚中度过余生。按捺着内心的波涛,金岳霖故作镇定地说:"思成能这样说,可见他真爱你,我不能伤害一个真正爱你的人,我退出。"林徽因呆坐半晌后,失落地离开了金家。

自从明白金岳霖的心意,林徽因再也没有和梁思成谈过此事。金岳霖怕梁思成感到尴尬,不能辜负了他的信任和好意,反倒如往常般与他们勤于走动。再看林徽因,他尽量压抑内心的情感,将她视为小自己9岁的妹妹。林徽因要尊重丈夫这个坦荡君子,表现出来的气量和气度,也不能再纠结下去。他们三人没有芥蒂,竟然好像什么都没有发生过似的,不让情感恣意泛滥。

1937年,日本侵华战争全面爆发。梁思成与林徽因离开北平出去避难,与金岳霖一度失去了联系。在外面颠沛流漓的生活和艰苦的物质条件,使林徽因的肺病复发。她的健康被严重地损坏了,经常发烧卧床不起。在病魔的蹂躏下,已经不复当年那个风华绝代的女子。

1940年,她随丈夫的工作单位中央研究院迁到四川宜宾附近的李庄,住在低矮破旧的农舍里。一天,一阵开门声惊醒了病榻上的林徽因,影影绰绰中看到一个高大的人影,她一下就认出那人是金岳霖。久别重逢,两个人执手相望,默默含泪。

金岳霖一句:"你还好吗?"让林徽因泣不成声。她不愿让金岳霖看到她这么邋遢的一面,四下摸索着要找梳子整理头发。金岳霖像是看穿了她的心事,淡然地说:"你不用那么忙,不管别人怎么看,你在我眼里仍然是光彩照人。"林徽因哽咽,问及金岳霖有没有相好的恋人,金岳霖双手一摊:"我这把年纪的人了,谁还要我呢?"林徽因不知,自从遇到了她,他的心早已容不下他人,这一生他只为她守候。或许林徽因也是知道的,只是不敢说透,怕惊了埋藏心底的情愫。

金岳霖又成了梁家的常客,每有休假,便跑到梁家居住。因梁思成工作繁忙,他便承担起了照顾林徽因的任务。每天下午3点半,他雷打不动地出现在林徽因的病榻前,或者端上一杯热茶,或者送去一块蛋糕,或者念上一段文字,然后带两个孩子去玩耍。

你是人间四月天

战后,林徽因在昆明有了新住处,金岳霖当然也跟着来到了昆明。梁思成和女儿还在李庄,林徽因和金岳霖单独住在同一屋檐下,很像一家人地过日子。金岳霖为控制好自己对林徽因的感情,只将她当成亲人般对待。

1946年,林徽因一家回到北平,她开始在报刊上大量发表诗作。可她的身体却给糟践得很厉害。1947年年底时,林徽因不得不做了肺结核大手术。连医生都觉得她或许挺不过去,将梁思成从美国耶鲁大学叫了回来。金岳霖更有事无事便泡在医院里,侍奉左右。

林徽因或许自觉活不长久,有一天,她悲从中来地对金岳霖说:"你是恨我的吧?如果有来生,我会选你。"金岳霖生气地说:"干吗说这种话,什么来生,这一生我们还没过够呢。"林徽因微微一笑,眼角滚出两颗泪来。

金岳霖这次没替她擦去泪水,而是站起身出门,任泪水长流。他不想让心爱的女人看到他的无能为力。他从来没对她说过要爱她一辈子,也没说过要等她。他只是沉默地、无言地做着这一切。

有宠爱她的梁思成,又有心疼她的金岳霖,林徽因实在丢不下,她坚强地挺了过来。三年之后,北平解放,林徽因被聘为清华大学建筑系一级教授,而且参与了国徽的设计。

梁思成时任北京市都市计划委员会副主任,林徽因与他都想把北京城这个"都市计划的无比杰作"保存下来,成为一个"活着的博物馆"留给后人。

然而,从1953年5月开始,对古建筑的大规模拆除开始了。当时的北京还有四十六公里长的明清城墙完整而巍然地环抱着,林徽因称之为"世界的项链"。她为自己的设计画出了草图,幻想着成为全世界独一无二的"空中花园"。可城墙公园计划却只能是纸上风光,北京市的规划不仅仅拆毁了物质性的城墙、城楼这些"土石作成的史书",也葬送了林徽因的杰作。

她到处大声疾呼,苦苦哀求,甚至到了声泪俱下的程度,可这一切无济于事。林徽因气得一病不起。

1955年,林徽因再次住进了医院,众人封锁了批判梁思成的种种消息,但她从细微处都察觉出来了。有一天,金岳霖来探望她,她严肃地对金岳霖说:"所有人都不对我讲实话, 我觉得只有你不会骗我。"金岳霖明白她的意思,也只能默默无语。见一直呵护自己的金岳霖都如此,林徽因彻底凉了心,忧愤交加,拒绝吃药,终于在那个冬天,在寒风凛冽的北京,林徽因离开了人世。

林徽因去世,让金岳霖悲痛万分,那个他爱了一生的女人死了。在林徽因的追悼会上,他送给林徽因的挽联格外别致:"一身诗意千寻瀑,万古人间四月天。"

经年之后,梁思成娶了另一女子重温二人世界。而金岳霖还是独身一人。有一日,他请挚友知交到著名的北京饭店赴宴,没说任何理由。大家都过去了,也没搞清楚今天是什么特别的日子。直到开席,金岳霖站起来说:"今天是徽因的生日!"众人看着这个两鬓白发的男人,不觉心酸。

后来有许多人都想从金岳霖这里听他讲讲与林徽因的故事,可他一直咬紧牙关不吐半字。就如他所说:"我所有的话,都应该同她自己说,我不能说。我没有机会同她自己说的话,我不愿说,也不愿意有这种话。"1984年10月19日,一代哲学大师,世之罕见的孤独的爱情行旅和浪漫骑士,终身未娶的金岳霖在北京寓所去世,终年89岁。他的骨灰被安放于八宝山革命公墓,这里葬着林徽因,还有梁思成。他们三个人,在另一个世界里,又比邻而居了。

他等了林徽因一辈子,想了一辈子,爱了一辈子,到最后,他依然还能够坚定地说着不悔。

5.林徽因梁思成婚姻的"导演"——梁启超

林徽因头顶令人炫目的光环,被当时的众多才子恋慕,被当时众多的女子嫉妒,如今更是被冠以"旷世才女"、"人间传奇"之名。

1928年春,林徽因同梁思成结婚,走进梁家,著名的梁启超成了她的公公。

林徽因和梁思成的婚事,从最初提起,到最终达成,整整走过了十年才修成正果。在这十年里,梁启超安排他们见面,接来徽因就学,挡走徐志摩,安葬林长民,还支付林徽因留学费用,供给林徽因的亲娘、弟妹,投入了巨大的情感和财力。林徽因和梁思成的关系,可以说是由梁启超一手打造,他运筹帷幄,决胜千里,玉汝于成,该发生的都要发生。林徽因终于做了梁家的媳妇。

几乎不用怀疑,单凭梁思成自己,可能压根儿娶不到林徽因这样的女人,而林徽因若是没遇到梁启超,人生也可能达不到后来的高度。

林和梁的结合,从某种意义上,可以说是在梁启超策划下的两个知识分子家庭双赢式的结合。

几乎从林、梁相遇的那一刻,梁启超的心里,似乎就已然朦朦胧胧摆好了一个局,一边是起点,一边是终点,中间过程,则需要他一点儿一点儿去实现。

身为前辈,梁启超呕心沥血,亲手将梁思成打造成了一个合格的全面发展的知识分子,国之栋梁;身为父亲,梁启超舐犊情深,亲自为梁思成挑选了一位无可挑剔的太太林徽因,成就一段佳话。

在林徽因和梁思成人生的许多重要关口，梁启超都及时出现，打点一切。

他的身影，成为林徽因和梁思成从相识到结婚过程中最关键性的注脚。

1918年，梁思成第一次见到林徽因。彼时，他们一个是金童，一个是玉女；一个十七岁，文质彬彬，温文尔雅，稳重幽默，一个十四岁，玲珑可爱，神采飞扬，明眸善睐。

这样的相遇，绝非偶然，它有点像预热，彩排，仪式性的，不是相亲，却胜似相亲。

但相遇只是一个开始。

1920年起，林长民带着女儿林徽因游历欧洲，遭遇徐志摩，父女俩都被徐吸引得心神大乱——父亲林长民和徐志摩时常一起玩乐，而徐志摩又弄到要为林徽因同正在怀孕的原配张幼仪离婚。纠结之下，林长民带着林徽因回了国。

林长民告别徐志摩，带着林徽因返乡，梁启超的推动作用不小。

1921年，林长民带着林徽因回到上海。梁启超立刻便派人把林徽因接到北京，仍旧安排林徽因回培华女子中学读书。接林回京，梁启超一来是照顾朋友的女儿，义不容辞，二来，他是想为梁思成创造机会，与林徽因多接触。

果然，不久，梁思成先生开始"登门"拜访林徽因女士了。他们已经有几年不见，亲密谈不上，更何况，没见面的这段时间，他们生理上心理上的变化都很大。彼此的感觉很懵懂。林徽因与梁思成是同龄人，在精神层面，没有她与徐志摩交往那么深。梁思成和林徽因比，要晚熟一些，他始终有些男孩子的天真气，在情感上，他则更依赖林徽因。梁思成后来回忆说："我第一次去拜访林徽因时，她刚从英国回来，在交谈中，她谈到以后要学建筑。我当时连建筑是什么还不知道,林徽因告诉我,那是融艺术和工程技术为一体的一门学科。因为我喜爱绘画,所以我也选择了建筑这个专业。"可见,是林徽因把梁思成领上了建筑之路。

与梁思成不温不火的拜访相比,徐志摩的追求显然要热烈得多。1922年10月,徐志摩回到上海,聚会、游览、讲学等事项把他的日程填得满满的,但他从未忘记过林徽因。正巧,梁实秋邀请他去清华文学社讲演,徐志摩星夜兼程赶往北京。此时,林、梁并未订婚,徐志摩更有信心了。

婚约尚未履行,尚不保险。半途杀进来一个徐志摩,梁启超怎能坐视不理?一边是儿子,一边是学生,相比之下,梁启超显然更偏向儿子。他一方面给徐志摩敲警钟,一方面督促梁思成和林徽因互定终身。前后就那么几天,梁启超便安排好了一切。1923年1月2日,他写信给徐志摩,动之以情,晓之以理,让他放弃对林徽因的追求。他写道:"若沉迷于不可求得之梦境,挫折数次,生意尽矣。郁悒佗傺以死,死为无名。死犹可也,最可畏者,不死不生而堕落至不复能自拔。呜呼志摩,无可惧耶!无可惧耶!"

梁启超的"善意"劝诫,徐志摩并不理会,而是据情力争,全力回击:"我尝奋我灵魂之精髓,以凝成一理想之明珠,涵之以热满之心血,朗照我深奥之灵府。而庸俗忌之嫉之,辄欲麻木其灵魂,捣碎其理想,杀灭其希望,污毁其纯洁!我之不流入堕落,流入庸懦,流入卑污,其几亦微矣!"如泣如诉,如歌如哭。梁启超无法,只好抓紧催促梁、林订婚,以期"生米煮成熟饭",绝了徐志摩之念。

仅过五日,即1923年1月7日,梁启超在给女儿的信中便说:"思成与徽因已互定终身。"其动作简直迅雷不及掩耳。徐志摩急得写诗:"这颗赤裸裸的心,请收了吧,我的爱神……"接着跑去北海快雪堂松坡图书馆,找在那里约会的梁、林二人,直逼得梁思成挂出抵抗牌——他贴了一张字条在门板,上书:Lovers want to be left alone(情人要单独相处)。徐志摩见相恋无望,心才渐渐冷了。

　　梁启超的高明之处在于,他安排儿子梁思成和林徽因见面,力图成全一对他看好的姻缘,但他却并不着急。他深知,强扭的瓜不甜,强配的婚不顺,与其强行安排,使孩子们产生逆反心理,不如顺其自然,让他们自由地培养感情,水到渠成。梁启超是睿智的。他在包办婚姻和自由恋爱中找到了一条中庸的途径:见面包办,交往自由,循序渐进。他的妥协式改革家的气质,在梁、林相遇、恋爱这件事上,居然也意外得到展现。

6.林徽因和徐志摩:此情可待成追忆

> 我是天空里的一片云,
> 偶尔投影在你的波心——
> 你不必讶异,
> 更无须欢喜——
> 在转瞬间消灭了踪影。
> 你我相逢在黑夜的海上,
> 你有你的,我有我的,方向;
> 你记得也好,
> 最好你忘掉,
> 在这交会时互放的光亮!

在林徽因与徐志摩相识、相知、相惜的时光里,徐志摩曾给林微因写过很多的诗,其中最有名的就是上面的这首《偶然》,据说也是林徽因最为喜欢的一首诗。然而纵观林徽因和徐志摩的感情之线,恰恰与《偶然》一一映照,非常吻合,不知是一诗成谶,还是上苍的特意安排,真是无法说得清楚。

偶尔投影在你的波心

林徽因的父亲林长民,字宗孟,1917年张勋复辟失败后,入段祺瑞内阁任司法总长,三个月后辞职赴日本考察。1920年春携女儿林徽因赴英国,身份是中国国际联盟同志会驻欧代表。其时林长民44岁,林徽因16岁。同年10月,徐志摩从美国来到伦敦,入伦敦大学政治经济学院读书。

徐志摩在国内就与林长民相识。听说林长民来到伦敦,要在伦敦国际联盟协会演讲,徐志摩一大早就赶往会场。在电车上他见到了十分景仰的著名作家狄更斯,但没敢冒昧地上前联络。林长民的讲演结束后,徐志摩找到林长民,请求他帮助拜会狄更斯老先生。林长民让他第二天到林的住处去,仔细谈谈,以便引荐。

第二天徐志摩去林长民的住处时, 恰巧林长民临时有事外出,给他开门的是一个如花似玉的少女。"令志摩眼前一亮,是个花季少女,简直太漂亮了,瓜子脸白净净,只有颊上带着几分红晕。一双弯弯的笑眼,秋水盈盈,神动能语,最是那腮边的两个酒窝,深深的,寓着不尽的青春美丽……"她那颀长秀挺的身材、俊逸潇洒的气质,以及纯真谦和的微笑,给徐志摩一种天仙下凡的感觉,立即吸引了他,令他魂牵梦引,如痴如醉,不可自拔。或许从他们相遇的那一刻开始,她就成为了他心里模模糊糊定型的美神,成为了被无数次理想诗化的女子,成为了他此生追求的灵魂之侣的化身。而情窦初开的林徽因爱好文学,读过徐志摩的诗作,也为徐志摩的聪颖的才气、渊博的知识、风雅的谈吐和英俊的外貌所吸引。他们彼此都有相见恨晚的感觉。

自此,几乎是每隔一两天,一到饮下午茶的时间,徐志摩就不请自到。徐志摩到林家虽说有林徽因作陪,但是当着林长民的面,徐志摩总觉得有些话没法跟徽因讲,于是他就在未造访的那一两天给林徽因写信。他热烈、火辣的信,让豆蔻年华的林徽因激动不已。

两人之间的感情可以用情投意合、如胶似漆、热情澎湃来形容。但是林徽因虽是兴奋与喜悦的,但也不乏理性与自省。一方面,她喜欢着徐志摩,也理解着他对她的诚挚感情,但另一方面,徐志摩的妻子张幼仪的影子却在她心中拂不去、撵不走,让她心里很有压力。自己的亲生母亲就是因为父亲续娶之后而永远失去了丈夫的感情、丈夫的爱。母亲所承受的种种痛苦,在她年幼的心里肯定是留下了深深的影响,留下了深深的伤害。她为此难过着,却也无可奈何,只能默默接受母亲这样的境地。但在内心深处,对于自己来说,肯定是不愿意成为破坏别人家庭幸福的人。她怎么能让张幼仪重蹈母亲的覆辙,而让自己心灵不安,无法宽恕、无法谅解呢?

而且,她对于诗人的狂热与痴情,有着不可信任的直觉。徐志摩的浪漫与飘逸是她所欣赏的,但也正是她无法把握的。过于甜蜜、过于甘醴未必能够持续,未必可以长久。再者,虽然他的出现是她生活里的一个奇遇,然而她和他太相似了,太一致了,不能相互补充,因此只能相互平行,"我们之间只能有友谊,不能有爱情"。

你有你的方向,我有我的方向

时光暗换,当徐志摩与林徽因再见时,林徽因已与父亲的好朋友梁启超的儿子梁思成订了婚。金岳霖曾题"梁上君子、林下美人"的对联赠与梁思成、林徽因夫妇,既贴切又诙谐。徐志摩是梁启超的学生,在老师面前,除了克制自己外,还能做什么呢?"我将于茫茫人海中访我唯一灵魂之伴侣,得之,我幸,不得,我命,如此而已。"

虽然如此,徐志摩与林徽因依然保持着或淡或浅的联系。他们一起组织新月社活动,一起演戏,愉快地合作,常有书信来往。林徽因在北京西山养病期间,徐志摩经常去西山看望她,并帮助她发表了一些诗作。

1924年4月,六十四岁的印度大诗人泰戈尔访华,给徐志摩和林徽因创造了接触的机会。两人共同担任翻译,并精心安排这位贵客的行程。在北京欢迎泰戈尔的集会上,徐志摩、林徽因陪同左右,侧立两旁,当天北京的各大报纸都开辟醒目版面,渲染这次集会的盛况,其中李欧梵在《浪漫一代》中说:"林小姐人艳如花,和老诗人挟臂而行,加上长袍白面郊寒岛瘦的徐志摩,有如松竹梅的一幅岁寒三友图。"长者衣袂飘飘,一对青年男女宛若璧人,民国初年这如诗如画的一幕,至今仍传为美谈,引人无限遐思。

林徽因的朋友费慰梅女士在《梁思成与林徽因》一书中也写到了这一幕,并且还说了一段鲜为人知的话:5月20日,是泰戈尔离开中国的日子,老人对于和林徽因离别却感到遗憾,年轻可爱的她一直不离左右,使他在中国的逗留大为增色。对徐志摩和林徽因来说,这一次离别又有一种特别的辛酸味。徐志摩私下对泰戈尔说他仍然爱着林徽因。老诗人本人曾代为求情,但却没有使林徽因动心。泰戈尔只好爱莫能助地作了一首诗——天空的蔚蓝,爱上了大地的碧绿,他们之间的微风叹了声:"哎!"

林徽因和徐志摩的爱情故事,就在这一声叹息里划下了句点。接着,徐志摩陪同泰戈尔去了日本,林徽因和梁思成到了宾夕法尼亚大学。三年的时间里,"岁寒三友"离去如风,当徐志摩与林徽因再次见面的时候,已是四年之后。这期间,林徽因与梁思成用心磨合,营造了一份经得起时间考验的感情。而徐志摩怀着无限怅惘之心,继续寻找着自己灵魂的伴侣。终于,他遇到了京城名媛陆小曼,遇到了同自己志同道合、爱情至上的人。才子遇到佳人,如同干柴遇到烈火,立即燃起熊熊爱情大火,来势汹汹,无法阻挡,轰轰烈烈。

也许正如《偶然》里一样,我有我的方向,你有你的方向。两人正如两条平行线,在各自的生活里,只是平行,不再有交集。

你记得也好,最好你忘掉

有些事情的发生很突然,无法预测,更无法料想。1931年11月19日,因林徽因要在北京协和礼堂为外国使节演讲中国建筑艺术,徐志摩欲前去捧场,结果飞机在山东济南党家庄附近失事,他就这样飘然离世。梁思成从北平赶去处理丧事，从现场捡了一块飞机残骸拿回去给了林徽因，林徽因非常悲痛，就把这块残骸挂在卧室的床头。直到她1955年去世，一直就这么挂着。

1934年11月19日，林徽因和梁思成去南方考察路过徐志摩的故乡——硖石。在昏沉的夜色里，她独自站在车门外，表达着对徐志摩的哀思。"凝望着幽黯的站台，默默的回忆许多不相连续的过往残片，直到生和死间居然幻成一片模糊，人生和火车似的蜿蜒一串疑问在苍茫间奔驰……如果那时候我的眼泪曾不自主的溢出睫外，我知道你定会原谅我的。"

1935年志摩忌日，林徽因写了《纪念志摩去世四周年》一文表达她的悼念之情。

过了几个月，到了夏天，她发表诗作《别丢掉》，全诗为——

别丢掉

这一把过往的热情，

现在流水似的，

轻轻

在幽冷的山泉底，

在黑夜，在松林，

叹息似的渺茫，

你仍要保存着那真！

一样是月明，

一样是隔山灯火，

满天的星，只使人不见，

梦似的挂起，

你问黑夜要回

那一句话——你仍得相信

山谷中留着
有那回音!

这是林徽因的至情至性,是很纯洁的感情,也是很崇高的感情。或许得不到的情感永远是最美好的,对徐志摩是,对林徽因亦是。

也许正因为林徽因没有同徐志摩结合在一起,林徽因在徐志摩的心里才是如此的美好,徐志摩在林徽因的心里才有如此的思念。人生中,总是有这样的或那样的遗憾。有时,遗憾也是一种美。